# Droit du travail et de la sécurité sociale en République de Djibouti

**Collection « Études africaines »**
dirigée par Denis Pryen et son équipe

Forte de plus de mille titres publiés à ce jour, la collection « Études africaines » fait peau neuve. Elle présentera toujours les essais généraux qui ont fait son succès, mais se déclinera désormais également par séries thématiques : droit, économie, politique, sociologie, etc.

**Dernières parutions,**

Alexis NDABARUSHIMANA, *Le Burundi face aux besoins fondamentaux de sa population*, 2021.
Marie Agnès FEUKEU TCHOUMBA, *Le pouvoir de sanction de l'Union africaine. Analyse des mécanismes de coercition du système d'intégration régionale africain*, 2021.
Abdel Kader BONGO DOYENDZE, *Le Paléolithique en République du Gabon : Étude des industries préhistoriques du Haut Ogooué*, 2021.
Mamadou Bakaye DEMBELE, *L'échec d'une construction légale du droit des successions au Mali*, 2021.
Yassine KERVELLA-MANSARÉ, *La condition peule hier et aujourd'hui. Étude comparative de communautés : Guinée et Tchad*, 2021.
Saliou NGOM, *Femmes et politique au Sénégal. Les dynamiques imbriquées d'inclusion-exclusion de l'indépendance à nos jours*, 2021.
Jean OTEMIKONGO MANDEFU YAHISULE, *Elections et changement politique en République démocratique du Congo. Six décennies perdues pour le développement*, 2021.
Sylvain Sorel KUATE TAMEGHE, *La justice, ses métiers, ses procédures, OHADA, Union Africaine, CEEAC-CEMAC, CEDEAO-UEMOA, Nations Unies, Cameroun, 4ème édition*, 2021.
Adrien ELLA MENDENE, *L'approche par les compétences au Gabon*, 2021.

ILYAS SAID WAIS

# Droit du travail et de la sécurité sociale en République de Djibouti

Préface du Pr Jean-Claude Javillier

L'Harmattan

**5-7, rue de l'École-Polytechnique ; 75005 Paris**

http://www.librairieharmattan.com

ISBN : 978-2-343-23552-3
EAN : 9782343235523

***À ma merveilleuse***
***femme bien aimée***

# Remerciements :

Je tiens à dire ma reconnaissance aux personnes dont les conseils et recommandations ont permis l'aboutissement de ce projet d'ouvrage. Il s'agit de quatre amis et collègues :

- Philippe Auvergnon, Directeur de recherche au CNRS-HDR
- Jean-Claude Javillier, Professeur de Droit, ancien directeur du département des normes de l'Organisation Internationale du Travail (OIT)
- Mohamed Osman Awaleh, Directeur de l'Institut des sciences de la terre du CERD
- Ismael Abdillahi Guirreh, Maître de conférences en transports à l'Université de Djibouti.

De même grâce soit rendue à Bouh Omar Ali, Maître de conférences en géographie à l'Université de Djibouti pour m'avoir aidé à réaliser le travail de mise en page suggéré par l'éditeur.

Mon ultime témoignage de gratitude revient aux directions de la Caisse nationale de Sécurité Sociale (CNSS) et de l'Agence Nationale de l'Emploi, de Formation et de l'Insertion Professionnelle (ANEFIP) pour avoir soutenu la publication du présent ouvrage.

# Principaux sigles et abréviations

| | |
|---|---|
| AG | Assemblée générale |
| AMU | Assurance Maladie Universelle |
| AMO | Assurance Maladie Obligatoire |
| AN | Assemblée Nationale |
| ANEFIP | Agence Nationale de l'Emploi, de la Formation et de l'insertion professionnelle |
| AOF | Afrique occidentale française |
| APE | Agence Privée pour l'emploi |
| BAD | Banque africaine de développement |
| BIT | Bureau Internationale du Travail |
| Bull. civ. | Bulletin des arrêts de la Cour de cassation (chambres civiles) |
| Cass. Soc | Cour de cassation française, chambre sociale |
| CEACR | Commission d'experts pour l'application des conventions et recommandations. |
| C | Cour |
| Cf. | Confer |
| CFS | Côte française des Somalis |
| Chron. | Chronique |
| CIT | Conférence Internationale du Travail |
| CNSS | Caisse Nationale de Sécurité Sociale |
| Coll. | Collection |
| D. | Recueil Dalloz-Sirey |
| dir. | Sous la direction de |
| Dr. soc. | Droit social |
| éd. | Edition |
| ex. | Exemple |
| FIDH | Fédération internationale des ligues des droits de l'homme |
| FMI | Fonds Monétaire International |
| Ibid | même endroit |
| in | à l'intérieur |
| ITLS | Inspection du travail et des lois sociales |
| JO | Journal officiel |
| JORF | Journal officiel de la République française |

| | |
|---|---|
| MTRA | Ministère du Travail chargé de la Réforme de l'Administration |
| n° | numéro |
| not. | notamment |
| OIT | Organisation international de travail |
| ONU | Organisation des Nations Unies |
| op. cit. | Opere citato (dans l'ouvrage cité) |
| p. | Page |
| PASS | Programme d'Assistance Sociale de Santé |
| PUF | Presses universitaires de France |
| PUR | Presses universitaires de Rennes |
| RDT | Revue de droit du travail |
| RJPIC | Revue juridique et politique indépendance et coopération |
| S. | Suivant |
| SMIG | Salaire minimum interprofessionnel garanti |
| TFAI | Territoire français des Afars et des Issas |
| TPOM | Travail et Profession d'Outre-mer |
| V. | Voir |
| Vol. | Volume |

# Préface

Cet ouvrage se propose de faire connaître, comprendre l'importance et l'ampleur des normes juridiques applicables aux relations de travail ainsi qu'à la protection sociale en République de Djibouti. Bien évidemment, il s'agit là d'un vaste et complexe objectif. Mais l'auteur met en œuvre les qualités indispensables pour parvenir à ce dernier.

Qu'il soit permis, en quelques mots, de rendre hommage à l'auteur, tant il est vrai que nous avons tendance à ne pas mesurer l'effort non plus que les qualités d'un juriste pour rédiger un tel ouvrage. Le savoir est grand. La pédagogie est immense. Le service rendu est considérable, à la fois doctrinalement et pratiquement.

La première des qualités est sans doute celle d'une vision panoramique, d'une perception d'ensemble des multiples et complexes questions, et pas seulement juridiques mais plus généralement sociétales, que pose l'analyse des relations du travail et de la protection sociale. Dimension humaine, car c'est bien toujours de la Personne humaine qu'il s'agit. Un droit des personnes, qu'il s'agisse du travail ou de la protection sociale, en toutes situations. La personne humaine qui travaille, dans les meilleures ou les pires des conditions, c'est selon; la personne humaine qui est frappée par une maladie quelles qu'en soient l'origine et la nature. Il est toujours question de dignité dans ces domaines que le droit saisit toujours au travers de questions morcelées, limitées, apparemment étrangères les unes aux autres.

Les dimensions culturelles, philosophiques, sociétales, religieuses et institutionnelles, notamment, de ces questions ne doivent jamais être perdues de vue. Il va de soi que les données et contraintes économiques ne sauraient non plus être ignorées sous peine de déboucher sur de graves et durables ineffectivités et inefficacités des normes juridiques, et pas seulement en ces matières. Il en va ainsi de toute norme juridique dont il est déterminant de se préoccuper de l'articulation avec de telles données et contraintes.

Pour qui veut contribuer efficacement à l'application du droit du travail et de la sécurité sociale, ce sont bien toutes ces dimensions qu'il convient de prendre en compte et d'articuler de la meilleure façon possible, et ce, à tant pour la conception et l'élaboration, que l'application et l'amélioration des règles juridiques pertinentes.

Une deuxième qualité que manifeste l'auteur du présent ouvrage est tout aussi déterminante, à savoir celle d'une grande pédagogie dans la présentation des questions et des normes juridiques. Et la pédagogie participe toujours de la modestie et de la simplicité. Et cette dernière ne participe nullement de la rapidité, de la facilité et moins encore de la superficialité. Car une telle qualité de l'exposition est le fruit d'une longue pratique, d'une profonde maîtrise des questions présentées. Au fond, un ouvrage, qu'il soit technique ou littéraire, exprime tout ce que celle ou celui qui l'a écrit, a pu accumuler comme savoirs, comme observations et interrogations, certitudes et doutes traversés. Au fond, l'ouvrage atteint son objectif lorsque la lectrice ou le lecteur a le sentiment qu'il pourrait en être, en tout ou en partie, d'une façon ou d'une autre, l'auteur.

Pour participer efficacement à l'application de toute règle juridique, il n'est rien de tel que la maïeutique. Il n'est de meilleure façon de participer au combat pour l'État de droit, que de se savoir inclus dans un plus vaste processus, celui de l'appropriation des normes. Et l'appropriation ne veut jamais dire que la norme, la solution juridique s'impose, en toutes situations, sans doute, ni critique. En des temps, ou nos Sociétés, du sud au nord, de l'est à l'ouest, connaissent tant de mutations, de bouleversements, de remises en cause, il est indispensable, que notamment entre juristes, universitaires comme praticiennes et praticiens, le contradictoire, le débat soit facilité de la meilleure et la plus ouverte des façons. Le Droit ne saurait exister de façon utile pour les Sociétés humaines, sans une profonde et permanente prise en compte d'intérêts différents et parfois même opposés. C'est pourquoi il n'est de norme juridique qui puisse être parfaite. Elle traduit nécessairement les complexités et contradictions des questions traitées.

Par-delà une présentation qui semble aller de soi, ce sont bien des complexités qui ont été maîtrisées, bien des doutes qui ont été combattus, bien des voies qui ont été explorées. Et le droit participe toujours d'une ambivalence de la condition humaine. A la fois, nous sommes toutes et tous, enracinés dans le passé, façonnés par nos cultures, notamment juridique, et nos institutions. Mais nous savons d'expérience que de nouvelles questions, de difficilement prévisibles situations vont se présenter, que le droit devra traiter de la façon la plus pertinente et créative possible. En ayant toujours à l'esprit, par-delà les règles techniques, les principes et les Valeurs dont les Organisations Internationales, telle l'Organisation Internationale du Travail (ONU), nous permet de mesurer l'importance et la dynamique. Lisons et relisons le Préambule de la Constitution de cette Organisation, qui proclame notamment que le Travail ne saurait jamais être considéré comme une marchandise.

Sachons gré à Monsieur Ilyas Said Wais de publier le présent ouvrage, qui nous livre de la meilleure des façons les règles juridiques pour agir, de la meilleure et la plus efficace des façons, en matière de droit du travail et de la sécurité sociale.

Jean-Claude Javillier, Professeur de Droit, ancien directeur du département des normes de l'Organisation Internationale du Travail (OIT).

# Introduction générale

L'encadrement du travail subordonné n'a pas toujours présenté les traits que nous lui connaissons aujourd'hui. En Afrique noire francophone, l'émergence d'un véritable droit du travail a été le fruit d'une lente et douloureuse gestation. On est ainsi passé d'une période de négation totale de tout droit du travail (travail forcé) à une période marquée par l'adoption de quelques règlementations protectrices, puis à l'adoption des premiers codes du travail africain. En matière de codification, plusieurs codes se sont succédés au fil de l'évolution politique des territoires africains. Il y a eu d'abord le décret du 18 juin 1945 qui édicte un code du travail pour l'ensemble des travailleurs des territoires africains ; mais il fut vidé de son contenu puisque le principe de discrimination prohibé par la loi ou par la Constitution était maintenu au profit des travailleurs européens qui continuaient à bénéficier d'un régime de faveur. En définitive, ce code du travail de 1945 ne fut jamais promulgué.

Il en est de même du code Moutet (du nom de Marius Moutet, ministre des colonies) issu du décret du 17 octobre 1947 qui constituait un progrès sur la législation antérieure. L'application de ce code se heurte à l'opposition farouche des employeurs au point qu'un décret du 25 novembre 1947 eut sursis à son application.

Il fallut attendre le Code du travail des territoires d'outre-mer issu de la loi du 15 décembre 1952[1] pour avoir une législation efficace à laquelle ont collaboré les élus d'Afrique noire. Ce Code constitue un véritable progrès en matière de protection des travailleurs indigènes. Mieux, c'est le Code qui consacre, en définitive, le principe d'égalité entre les travailleurs autochtones et européens.

---

[1] L'intitulé exact de ce Code était " loi n° 52-1322 du 15 décembre 1952 instituant un Code du travail dans les territoires et territoires associés du Ministère de la France d'Outre-mer" promulgué en Côte français des somalis (CFS) par l'arrêté n° 1283 du 23 décembre 1952 (JO CFS du 1er février 1953, p. 21).

Toutefois, le Code de 1952 révéla de graves imperfections à l'usage. Ainsi le mode de règlement des conflits collectifs subit de nombreuses critiques de la part des syndicats si bien qu'un décret du 20 mai 1955[2] vint modifier le Code sur ce point pour simplifier les procédures afin de leur donner plus d'efficacité. D'autre part, la loi du 27 mars 1956 relative aux congés payés en métropole est déclarée applicable aux territoires d'outre-mer modifiant ainsi le Code de 1952 en la matière[3]. Le Code de 1952 reste en vigueur jusqu'au moment des indépendances des pays africains.

Lors des indépendances, les nouveaux États africains sont maîtres de légiférer en matière de travail et de sécurité sociale. Toutefois, ils ne se lancent pas dans des réformes profondes malgré les nouvelles structures politiques et administratives. Ils substituent au Code de 1952 des codes nouveaux très proches de celui de 1952. En fait, ils ne "décolonisent" pas le droit du travail pour l'adapter aux nécessités de la construction nationale.

À Djibouti, lors de l'indépendance intervenue en 1977, les autorités optent expressément pour la continuité du droit du travail mis en place pendant la colonisation. Lors de sa première session, l'Assemblée nationale adopte une loi constitutionnelle de reconduction en l'état du Code de 1952 et de ses règlements d'application[4]. L'application du Code de 1952 dure à Djibouti presqu'un demi-siècle, jusqu'aux années 90 marquées par la crise économique et financière qui atteint alors le

---

[2] Décret n° 55-567 du 20 mai 1955 tendant à modifier la loi n° 52-1322 du 15 décembre 1952 instituant un code du travail dans les territoires et territoires associés relevant du ministre de la France d'outre-mer, en ses dispositions des articles 48, 94, 116, 124, 125, 209 à 218 (JORF n° 826 du 17 juin 1955, p. 273).

[3] Loi n° 56-332 du 27 mars 1956 modifiant le régime des congés annuels payés (JORF n° 11 du 15 juin 1957, p. 305).

[4] L'article 5 de la loi constitutionnelle n° 1 du 27 juin 1977 dispose que « les lois ou règlements applicables au jour de la promulgation de la présente loi constitutionnelle restent et demeurent en vigueur en toutes leurs dispositions non contraires à la souveraineté nationale, et ce, jusqu'à ce qu'il soit légalement décidé de leur abrogation ou modification ».

pays. Cette crise contraint l'État djiboutien à se tourner vers les institutions financières internationales (FMI, Banque mondiale) qui l'appellent à se désengager de la vie économique et sociale. La réforme du droit du travail issue de la loi du 23 septembre 1997[5] et confirmée par l'adoption d'un nouveau Code du travail le 28 janvier 2006[6], s'est inscrite dans cette optique.

Ce nouveau Code définit essentiellement les orientations libérales suivantes : la décentralisation et la promotion de la négociation collective, l'introduction du travail intérimaire, la déréglementation des conditions de renouvellement du contrat à durée déterminée, l'extension du domaine du licenciement, le plafonnement des dommages et intérêts dus en cas de licenciement sans cause réelle et sérieuse, etc. Toutefois, certaines orientations, caractérisées par une certaine flexibilité ou restriction, ont eu pour effet de légitimer une certaine forme de précarité sur le statut protecteur des travailleurs. Un tel constat conduit, en février 2011[7] et en juin 2018[8], le législateur djiboutien à modifier et compléter certaines dispositions du Code de 2006.

Il y a cependant une réserve à apporter à ces ajustements législatifs : le droit du travail n'est pas toujours respecté sur le plan général : travail clandestin non couvert pas les lois de la sécurité sociale, discrimination à l'embauche, irrespect du régime du contrat de travail à durée déterminée, violations de la liberté syndicale, etc.

Cette situation découle du fait que le chef d'entreprise est propriétaire de son entreprise dont la gestion est son affaire exclusive et la menace

---

5 Loi n° 140/AN/97/3ème L. du 23 septembre 1997 portant aménagement du Code de 1952.

6 Loi n° 133/05/5ème L. du 28 janvier 2006 portant Code du travail.

7 Loi n° 109/AN/10/6ème L. du 16 février 2011 portant modification partielle des dispositions des articles 41,214 et 215 de la loi n° 133/05/5ème L. du 28 janvier 2006 portant Code du travail.

8 Loi n° 221/AN/17/8ème L. modifiant et complétant la loi n° 133/05/5ème L. du 28 janvier 2006 portant Code du travail.

d'une sanction ne suffit pas toujours à vaincre sa résistance. De plus, l'Inspection du travail qui veille au bon respect du droit est souvent impuissante. Elle n'a pas les moyens du rôle que lui donne la loi. Il existe bel et bien une Inspection du travail comme y imposent les conventions de l'Organisation Internationale du Travail (OIT) ratifiées, qui se voient reconnaître des compétences voisines dans les grandes lignes que celles que l'on connaît sous d'autres cieux, outre un rôle spécifique de conciliation préalable à la saisine du tribunal du travail. Mais la réalité est celle d'une Inspection du travail difficilement en capacité d'exercer la mission de contrôle du respect de la réglementation du travail.

C'est alors vers le juge qu'il faudrait se tourner pour que le droit retrouve une emprise sur les relations de travail subordonné. A la lecture des décisions de justice rendues ces dernières années, le contentieux du travail paraît de prime abord abondant, ce que confirme la lecture des rôles d'audience de ces mêmes juridictions. Les salariés du secteur formel saisissent le juge du travail pour principalement contester leur licenciement et les salariés du secteur informel, pour solliciter la reconnaissance d'un contrat de travail et que le juge en tire toutes les conséquences sur le plan salarial, indemnitaire et de la sécurité sociale. Cependant, l'observation empirique révèle que, rapporté à la proportion de travailleurs employés dans le secteur informel ou dont les droits sont ignorés, le contentieux demeure marginal.

Les raisons en sont multiples et tiennent essentiellement à l'environnement social. La prégnance de la fatalité dans les sociétés africaines tout d'abord. Même quand un accident de travail survient et que le travailleur est sérieusement blessé, quand bien même il n'est pas décédé, beaucoup le ressentiront comme une fatalité, voire la réponse divine à leurs péchés. Ils essaieront de s'intéresser à comment faire face l'évènement plutôt que d'intenter une action en justice. La saisine du juge reste, surtout dans le secteur informel, une démarche extrêmement rare. On préfère très souvent porter ses revendications professionnelles auprès de structures de protection à savoir un ministre parent, le clan d'appartenance, des réseaux d'amitié et de solidarité, etc.

Ces organisations coutumières, pourtant ignorées par le droit du travail djiboutien, semblent supplanter l'appareil judiciaire dont le travailleur djiboutien doute de la crédibilité, le qualifiant souvent d'être à la solde des « puissants ». Le travailleur djiboutien a conscience dans le même temps que la justice est lente, qu'il n'obtiendra gain de cause qu'au terme d'un procès de plusieurs années, un appel étant quasi-systématique et l'exécution provisoire des décisions de première instance souvent limitée. Aussi beaucoup ont-ils peur des répercussions pour eux-mêmes et les leurs d'affronter plus puissant que soi, et la crainte d'être inscrits sur une liste noire.

Indépendamment des problèmes de saisine du juge susvisés, c'est surtout et en fin de compte l'intelligibilité de la loi qui reste une difficulté majeure : bon nombre de travailleurs ne la comprennent pas, parce qu'écrite en français, langue officielle que peu lisent dans un pays faisant partie des pays les moins alphabétisés du continent. Encore plus intelligible serait la langue du droit. L'insuffisante vulgarisation des textes constituant un obstacle à leur application.

Replacée au terme de cette courte introduction dans son environnement historique et sociologique, la présentation du droit du travail djiboutien obéira *grosso modo* au plan de la loi n° 133/05/5ème L du 28 janvier 2006 portant Code du travail. La plupart des articles qui seront cités dans cet ouvrage sont issues de cette loi. Elle a totalement remplacé la loi n° 52-1322 du 15 décembre 1952 instituant un Code du travail dans les territoires et territoires associés du Ministère de la France d'Outre-mer. Les textes réglementaires de la loi du 28 janvier 2006 n'étant pas tous adoptés, comme l'autorise l'article 297-2 de cette loi, la pratique est de faire application, dans la mesure où ils ne sont pas contraires avec la loi, des décrets et arrêtés pris en application du Code de 1952. Enfin, le droit légal et réglementaire est complété par des conventions collectives dont la plupart ont été renégociées dans la période de croissance soutenue (2007-2018) qu'a connu le pays[9].

Par ailleurs, le droit de la sécurité sociale, second volet du présent ouvrage, fera l'objet d'un traitement à part dans les derniers chapitres du présent ouvrage et ce sans préjudice des liens de connexion historiques et juridiques qu'il entretient avec le droit du travail.

*In fine*, le but poursuivi dans le présent ouvrage est celui d'une présentation des différents aspects du droit du travail et de la sécurité sociale en République de Djibouti. Il convient toutefois de relever que cet état normatif comporte très souvent une part d'indétermination, notamment du fait de l'absence de publication de la plupart des règlements d'application prévus par la loi. Aussi les textes soulèvent-ils d'inévitables difficultés d'interprétation, auxquelles les décisions de justice trouvées ne suffiront pas à résoudre complètement, même si sur de nombreux aspects, la législation sociale djiboutienne s'inspirant du droit français, la jurisprudence de la Cour de cassation française peut orienter l'interprétation, si besoin est.

---

[9]*Cf.* BAD, Djibouti. Document de stratégie-pays 2015-2020, p. 2

# Chapitre 1- Les sources du droit du travail

Au regard de l'évolution historique décrite ci-dessus, il ne faut cependant pas croire que les sources du droit du travail se résument aux dispositions législatives et réglementaires. Au contraire, elles sont empreintes d'une grande diversité. Des producteurs de normes privées sont admis aux côtés des pouvoirs législatif et exécutif. Sont ainsi officiellement intégrées au droit du travail des règles posées unilatéralement par l'employeur et des règles négociées entre employeurs et représentations de salariés, appelées conventions collectives. L'existence de ces normes peu traditionnelles conduit à aborder les méthodes d'articulation entre les sources (Section 1) qu'il faut dans un premier temps présenter dans toute leur diversité (Section 2).

## Section 1-La diversité des sources du droit du travail

Le plus simple est de les appréhender selon qu'elles soient d'origine légale (§ 1) ou conventionnelle (§2).

### §1-Les sources légales

Il existe des sources internationales (A) et des sources nationales (B).

#### *A-Les sources internationales*

Elles sont conçues par les normes conçues dans l'Organisation internationale du travail (OIT) (1) et par les normes conçues en dehors de l'OIT (2)

1-Les sources internationales dans le cadre de l'OIT

L'OIT est une organisation de l'ONU qui est dédiée spécifiquement au travail. Cette organisation est remarquable à plus d'un titre. Elle est centenaire puisqu'elle a été créée en 1919 par le même traité que celui instituant la Société des Nations, à la sortie de la Première Guerre mondiale. Elle est fondée sur la conviction « qu'une paix universelle et durable ne peut être fondée que sur la base de la justice sociale », comme le déclare la première phrase de son préambule.

La plus grande particularité de l'OIT tient à la composition tripartite des ses organes politiques qui sont composés pour la moitié de représentants des gouvernements, pour un quart des représentants d'employeurs et un quart de représentants syndicaux de salariés qui se retrouvent, chaque année, lors de la conférence internationale du travail (CIT) d'une part; et à une intense activité normative, par le biais des conventions et recommandations qui sont adoptées à la majorité des deux tiers par la CIT d'autre part. Les recommandations, à la différence des conventions, n'ont pas de valeur de traité international. Les conventions constituent donc les instruments majeurs de la législation mondiale du traité.

Lors du centenaire de l'OIT en 2019 190 conventions avaient été adoptées par l'OIT[10]. Une fois la convention adoptée, les États membres ont l'obligation, qui n'existe dans aucune autre institution, de la proposer à l'organe national compétent pour la ratifier et ce dans un délai d'un an. Mais tous les pays n'ont pas ratifié les 190 conventions. Loin de là. Le taux moyen de conventions ratifiées est à peine supérieur à 40. La République de Djibouti a pour sa part ratifié 67 conventions depuis son adhésion à l'organisation en août 1978[11].

---

[10]*Cf. https://www.ilo.org/global/about-the-ilo/newsroom/news/WCMS_718345/lang--fr/index.htm*

[11]*Cf.https://www.ilo.org/dyn/normlex/fr/f?p=1000:11200:0::NO:11200:P11200_COUNTRY_ID:103044*

Conscient de ce problème, l'OIT a choisi une voie originale. La déclaration du 19 juin 1998, relative aux principes et droits fondamentaux au travail, affirme que huit conventions internationales dites fondamentales, lient les États membres de l'OIT, même si ces derniers ne les ont pas ratifiées[12]. Il s'agit d'une bizarrerie juridique car, en droit international, une convention ne peut être obligatoire pour un État s'il ne l'a pas ratifiée. Mais la Déclaration de 1998 explique bien que faire partie de l'OIT implique nécessairement d'adhérer aux principes fondamentaux, incarnés par ces huit conventions, à savoir la liberté d'association, la liberté syndicale, le droit à la négociation collective, l'élimination du travail forcé et du travail des enfants et l'élimination des discriminations en matière d'emploi et de profession.

Par ailleurs, le manque de réalisme des conventions internationales, fondamentales ou non, et la faiblesse de leur influence sur les législations et les pratiques nationales a conduit l'OIT à adopter une nouvelle approche prospective. Au cours de l'Assemblée générale de l'ONU en 2015, le travail décent et les quatre piliers de l'Agenda pour le travail décent (création d'emploi, protection sociale, droits au travail et dialogue social) sont devenus des éléments centraux du nouveau Programme de développement durable pour 2030. L'objectif 8 du Programme pour 2030 invite à promouvoir une croissance économique soutenue durable et partagée, le plein emploi et le travail décent. En outre, les principales dimensions du travail décent sont largement incorporées dans les cibles d'un grand nombre des 16 objectifs de la nouvelle vision du développement des Nations Unies. Enfin, les plans d'actions d'organisations régionales, comme l'Union Africaine, intègre l'importance du travail décent pour la sortie de crise et le développement durable.

---

[12] La République de Djibouti a ratifié toutes les conventions fondamentales.

2- Les sources internationales en dehors de l'OIT

On dénombre, dans ce domaine, de nombreuses conventions multilatérales ou bilatérales.
Au plan multilatéral, la République de Djibouti est membre de multiples organisations régionales ou sous-régionales de type communautaire. À cet égard, il faut noter l'adhésion à l'Organisation de l'Unité Africaine (OUA) devenue l'Union Africaine (UA), à la Ligue arabe, à l'Autorité Intergouvernementale sur la Sécheresse et le Développement (IGAAD) en Afrique de l'Est et au Marché Commun de l'Afrique de l'Est et Australe (COMESA).

Au plan bilatéral, la République de Djibouti a conclu quelques conventions en matière sociale. On peut ainsi citer l'Accord avec le Gouvernement des États-Unis concernant l'accès à des installations situées sur le territoire de la République de Djibouti et leur utilisation du 19 février 2003 qui contient entre autres des dérogations aux dispositions du Code du travail.

***B- Les sources internes***

Pour l'essentiel, il s'agit de sources étatiques qui sont constituées par la Constitution (1), les lois (2), les règlements (3).

1-La Constitution

De façon générale, la Constitution définit les règles organisant les institutions de l'État dans leurs attributions, leur fonctionnement et leurs rapports.

Toutefois, la Constitution peut comprendre aussi des principes sociaux constitutionnels. Le préambule de la Constitution de la République de Djibouti du15 septembre 1992 proclame ainsi les grands principes suivants : l'attachement du Peuple djiboutien aux droits et libertés fondamentaux contenus dans la Déclaration Universelle des Droits de l'Homme et dans la Charte Africaine des Droits de l'Homme et des Peuples dont les dispositions font partie intégrante de la Constitution.

Dans le corps de la Constitution, on retrouve également des principes sociaux constitutionnels : le principe de non-discrimination et d'égalité, la reconnaissance de la liberté syndicale et du droit de grève[13].

2-Les lois

Les lois ou les dispositions législatives en matière de travail se retrouvent principalement dans le Code du travail, le Code de l'aviation civile et le Code des affaires maritimes.

**- Le Code du travail**

La Constitution de la République de Djibouti affirme que « la loi détermine les principes fondamentaux du droit du travail, du droit syndical et de la sécurité sociale »[14].

L'article 1er du Code du travail précise que ce dernier « est applicable aux relations professionnelles entre travailleurs et employeurs » et qu'est « considérée comme travailleur au sens du Code du travail, quels que soient son sexe et sa nationalité, toute personne qui s'est engagée à mettre son activité professionnelle, moyennant rémunération, sous la direction et l'autorité d'une autre personne physique ou morale, publique ou privée ».

---

[13] Sur une étude détaillée de la constitution djiboutienne, V. Leclercq, C., La constitution de la République de Djibouti du 15 septembre 1992, RJPIC, Vol.47, n° 1, 1993, p. 77.

[14] Article 57 de la Constitution.

À ce principe, il est apporté quelques exceptions, à savoir des catégories de personnes qui échappent à l'application du Code du travail.

D'abord, il y a les fonctionnaires, personnes nommées dans un emploi permanent d'un corps d'une administration publique, qui ne sont pas soumis aux dispositions du Code du travail. Cette exclusion est indispensable car la situation des fonctionnaires est dominée par certaines exigences inhérentes à tout service public (primauté des intérêts du service public sur les services privés, continuité de fonctionnement du service public nécessité de son adaptation constante aux besoins de la collectivité). Or, le droit du travail ne permettrait pas de satisfaire ces exigences car les fonctionnaires bénéficieraient de garanties et de droits incompatibles avec l'intérêt du service[15].

Ensuite, même si la loi ne l'indique expressément, il y a les stagiaires c'est-à-dire les personnes accomplissant dans des entreprises publiques ou privées des stages professionnels, réglementaires, pratiques ou d'adaptation.

Enfin, on observe, comme un peu partout en Afrique, que les travailleurs de l'économie informelle sont de fait exclus du champ d'application du Code du travail. Nombreux sont ainsi les chauffeurs de bus et de taxis employés par des propriétaires privés dont l'activité est notoire et déclarée, employés sans contrat de travail et fiche de paie. Il existe même des secteurs où il paraît incongru de recourir à l'emploi salarié, pourtant prescrit par la loi : c'est le cas de la domesticité : à l'exception de rares familles étrangères désireuses de se conformer à la loi, les cuisinières, les femmes des ménages, les

[15] La non-application du droit du travail aux fonctionnaires emporte également la conséquence selon laquelle ces derniers relèveront, en cas de litige, des juridictions administratives, et non de travail (Arrêt n° 18/C/AG du 18 février 1996, Cour suprême de Djibouti, Youssouf Mohamed Bouha c/ Port Autonome International de Djibouti (PAID) (inédit)). Voir en sens contraire : Tribunal du travail de Djibouti, TPOM, n° 261 du 16 juillet 1969.

baby-sitters, les gardiens, tous employés en nombre, le sont le plus souvent en dehors de tout cadre légal.

Au plan territorial, le Code du travail ne doit pas dépasser le territoire djiboutien dès lors qu'il s'applique à tout contrat qui s'exécute en République de Djibouti. Il en résulte alors que le critère d'application territoriale du Code, c'est le lieu d'exécution du contrat de travail c'est-à-dire le Code du travail djiboutien ne peut s'appliquer à un contrat de travail dont l'exécution est prévue à l'étranger même s'il a été conclu en République de Djibouti.[16]

**-Les textes particuliers**

Sont visés ici :

- le Code de l'aviation civile[17]: il contient des dispositions particulières concernant le personnel naviguant, à savoir le brevet, la licence et qualification, la discipline à bord, etc. Ce code s'ajoute, pour l'essentiel, au Code du travail.

- Le Code des affaires maritimes[18]: c'est un texte qui soustrait, dans une large mesure, le marin à l'application du Code du travail. En principe, le Code du travail s'applique aux marins, sauf dispositions contraires du Code des affaires maritimes.

3-Les règlements

Il s'agit des actes pris par le pouvoir exécutif (décret, arrêté, circulaire, etc.). Les règlements jouent fondamentalement trois rôles en droit

[16] En revanche, les parties peuvent par convention attribuer compétence à un tribunal autre que celui désigné par la loi : les règles relatives à la compétence territoriale n'étant pas d'ordre public (arrêt n° 20/C/AG du 20 avril 1997 de la Cour suprême de Djibouti, Jean Varenne/ Société Cegelec).
[17] Loi n° 152/AN/11/6ème L. du 1er mars 2012 portant Code de l'aviation civile.
[18] Loi n° 212/AN/82 du 18 janvier 1982 portant Code des affaires maritimes.

social : d'abord, ils ont un rôle classique, à savoir celui d'exécution de la loi. Ensuite, ils ont un rôle d'extension des sources professionnelles[19]. Enfin, un rôle de substitution des sources professionnelles[20].

Le Code du travail de 2006 renvoie à 27 textes réglementaires, décrets et arrêtés confondus, qui n'ont pas été, à ce jour, tous adoptés et publiés. Pour les points qui ne feraient pas encore l'objet de décrets et d'arrêtés d'application du Code de 2006, «les dispositions réglementaires antérieures restent en vigueur en tant qu'elles ne sont pas contraires au présent Code »[21].

### §2-Les sources professionnelles

Ces sources sont une originalité du droit du travail dans la mesure où de nombreuses règles sont d'origine professionnelle, c'est-à-dire qu'elles sont élaborées par les partenaires sociaux eux-mêmes, collectivement ou individuellement. Elles se présentent sous la forme de conventions collectives (A), de règlement intérieur (B), d'usages (C), et de contrat individuel de travail (D).

#### *A- Les conventions collectives*

L'article 254 du Code du travail définit la convention collective comme étant : « un accord relatif aux conditions de travail conclu par une commission paritaire entre, d'une part, les représentants d'un ou plusieurs syndicats ou d'une union de syndicats de travailleurs et, d'autre part, une ou plusieurs organisations syndicales d'employeurs pris individuellement ». En matière de convention collective, on distingue quatre catégories :

---

[19] Article 260 du Code du travail.
[20] Article 270 du Code du travail.
[21] Article 297-2 du Code du travail.

- la convention d'établissement ;
- la convention d'entreprise ;
- la convention de branche d'activité ;
- la convention interprofessionnelle.

L'étude détaillée des conventions collectives sera davantage approfondie dans un chapitre qui leur sera spécialement consacré.

### *B- Le règlement intérieur*

Le règlement intérieur est un document écrit qui fixe les règles à observer sur le lieu de travail en matière d'organisation technique du travail, de discipline, d'hygiène et de sécurité du travail, de harcèlement moral et sexuel[22]. Son établissement est obligatoire dans tout établissement public ou privé employant au moins 20 salariés et dans les entreprises agricoles employant au moins 50 salariés[23].

C'est le chef d'entreprise qui élabore le règlement intérieur. Il est transmis aux délégués du personnel pour recueillir leurs observations[24]. Puis il est transmis à l'Inspection du travail pour visa[25]. L'Inspecteur du travail examine le règlement intérieur et exige la modification des dispositions contraires aux lois et règlements[26].

La non-opposition de l'Inspection est matérialisée par le visa apposé sur le règlement intérieur qui est alors publié par affichage sur les lieux de travail de l'entreprise. Un exemplaire est envoyé par le chef d'entreprise au greffe du tribunal du travail, pour dépôt[27].

---

[22] Article 271-2 du Code du travail.
[23] Article 271-1 du Code du travail.
[24] Article 272 du Code du travail.
[25] Article 273 du Code du travail.
[26] Article 274 du Code du travail.
[27] Article 275 du Code du travail.

### *C-Les usages*

L'usage est une pratique générale pouvant se prévaloir d'une certaine ancienneté et considérée par ses destinataires comme une norme obligatoire. L'idée est que la réitération permanente de cette pratique stable est le signe de l'existence d'une règle qui certes n'est pas explicitement formulée mais qui est bel et bien ressentie comme obligatoire[28].

Le Code du travail renvoie expressément aux usages en ce qui concerne la règlementation de certaines matières. En fait, on a recours aux usages que pour combler les lacunes du droit.

### *D-Le contrat individuel du travail*

Le contrat individuel de travail, parmi de multiples fonctions, remplit celle de porter toute une série de normes applicables à la relation de travail subordonnée. La plupart des clauses du contrat fixent en effet de manière impérative le comportement que doit adopter chacune des parties. Son rôle comme source du droit du travail est surtout invoqué au chapitre 3.

## Section 2- L'articulation entre les sources du droit du travail

Que faire quand deux sources différentes règlent une même question ? En cas de conflit, quelle norme doit prévaloir ? La question en droit du travail est cruciale, car certaines sources de règles sont réputées moins

---

[28] A cet égard, le juge considère, à partir d'un seul cas d'employé ayant bénéficié d'une indemnité de départ, " qu'il est constant qu'un cas unique ne peut constituer un usage dans une profession s'imposant à l'égal des lois d'ordre public desquelles les parties ne peuvent s'écarter pour refuser un droit" (arrêt n° 69/C/AG/11 du 27 avril 2011, Cour suprême de Djibouti, Banque Indo-Suez- Mer Rouge/ Elmi Houssein Aden (inédit)) ; voir dans le même sens, arrêt n° 39/C/AG/ 2008 du 20 avril 2008, Cour suprême de Djibouti, l'État français, représenté par l'Agent judiciaire du Trésor français/ Mahboub Rasolonjatovo, (inédit).

protectrices des salariés. Ce conflit peut se résoudre en droit du travail djiboutien de deux manières. Le premier mode de résolution, somme toute classique, consiste à faire prévaloir toujours la norme la plus haute, plus exactement celle dont le champ d'application est le plus vaste et qui aurait un effet impératif : c'est l'ordre public absolu auquel il est impossible de déroger (§1). Le second mode de résolution réside dans l'ordre public social qui a partie liée avec la règle de faveur. Dans ce cas, on applique la règle, quel que soit son niveau hiérarchique, la plus favorable aux salariés (§2).

### §1- L'ordre public absolu

L'ordre public absolu renvoie à une technique de résolution des conflits entre normes, très traditionnelle. La norme au champ d'application plus vaste, principalement la loi et accessoirement le règlement, doit être respectée et évince toute règle contraire. En droit du travail, ce mode d'articulation est inscrit aux articles 254-2 et 259 du Code du travail, concernant les rapports entre loi et convention. Le premier article indique que la convention collective ne peut déroger aux dispositions d'ordre public définies par les lois et règlements; alors que le second interdit aux conventions collectives de modifier, dans quelque sens que ce soit, les dispositions du Code concernant les sujets: les conditions d'embauche et de licenciement des travailleurs, l'organisation et fonctionnement de l'apprentissage, de la formation professionnelle et de la formation permanente; les conditions particulières du travail des femmes et des enfants, et les modalités d'application du principe à "travail égal, salaire égal" quel que soit l'origine, le sexe et l'âge du travailleur.

Par extension et surtout en raison de l'article 6 de la loi n°003/AN/18/8$^{ème}$ L. du 12 avril 2018 portant Code civil[29], ce mode d'articulation trouve aussi s'appliquer dans les rapports entre la loi et le contrat de travail.

[29] L'article 6 de la loi précitée dispose qu' « on ne peut déroger, par des conventions particulières, aux lois qui intéressent l'ordre public et les bonnes mœurs ».

### §2- La règle de faveur

Le second mode de résolution de conflit est de faire application de la règle la plus favorable aux salariés. Ce critère de résolution est propre au droit du travail. Selon cette règle contenue à l'article 254 du Code du travail, la norme supérieure peut être écartée par une norme inférieure plus favorable aux salariés. Les normes supérieures que l'on peut écarter par des normes de niveau inférieur plus favorables sont dites "d'ordre public social".

Enfin, cette manifestation de l'ordre public social peut également être décelée dans l'articulation des conventions collectives nationales et des accords d'établissement. Selon l'article 263 du Code du travail, « les accords d'établissement ont pour objet d'adapter aux conditions particulières de l'établissement ou des établissements considérés les dispositions des conventions collectives nationales, et notamment les conditions d'attribution et le mode de calcul de la rémunération au rendement, des primes à la production individuelle et collective et des primes à la productivité ». Tout d'abord, cette adaptation doit se fonder sur des situations de fait réelles, comme celles découlant des points énumérés par l'article 263 précité. Bien entendu, les accords d'établissement ne peuvent pas modifier les règles d'ordre public absolu et ils doivent respecter l'économie de la convention collective nationale. Ensuite, cette adaptation n'est pas obligatoire et des accords d'établissement peuvent ne pas être conclus sans que la convention collective nationale cesse pour autant d'être applicable. Enfin, l'adaptation par un accord d'établissement des dispositions de la convention collective nationale n'exclut pas la possibilité d'introduire, d'une part, des dispositions nouvelles, c'est-à-dire portant sur des points qui n'ont pas été abordés par la convention collective nationale ; d’autre part de modifier, dans un sens plus favorable aux travailleurs, les dispositions de la convention collective nationale[30].

---

[30] Article 263-2 du Code du travail.

# Chapitre 2- L'accès à l'emploi

Sous l'empire du Code de 1952, tout engagement d'un travailleur était subordonné à l'obtention d'une autorisation préalable du Service national de l'emploi qui avait le monopole du placement. En effet, les employeurs devaient faire connaître au préalable obligatoirement leurs besoins en main-d'œuvre à ce service et afficher, pour information du personnel, les emplois vacants et les catégories professionnelles de ces emplois[31]. Le recrutement direct ne pouvait intervenir qu'après l'autorisation du Service national de l'emploi, dès lors que celui-ci se trouvait dans l'impossibilité de fournir la main-d'œuvre sollicitée[32]. La loi interdisait par la même occasion le placement privé et surtout le placement à but lucratif[33].

Cette procédure trouvait sa cause dans la double volonté de protéger les salariés et de donner à l'État la maîtrise du marché du travail. Mais une telle procédure n'était pas exempte de critiques : elle présentait les inconvénients de lourdeur bureaucratique et d'inadéquation fréquente entre les profils recherchés et les candidatures retenues. De plus, le fait que l'État cumule le statut de pourvoyeur exclusif d'emplois avec celui de premier employeur était, d'une certaine façon, préjudiciable pour les entreprises privées. Grâce au monopole de placement qu'il détenait de par la loi, l'État était en effet bien placé pour se servir en premier parmi les candidats sortants des systèmes formels de formation, privant du coup le secteur privé des ressources humaines qualifiées nécessaires à son développement.

Des critiques se sont faites entendre avec le développement de la crise économique, à la moitié des années 90 ; celle-ci a contraint l'État djiboutien à se désengager d'un grand nombre de secteurs. Sous les

[31] Article 36 de la loi n° 21/AN/83 du 3 février 1983 portant organisation de l'administration centrale du Ministère du Travail et de la Prévoyance sociale.
[32] Idem.
[33] Article 35 de la loi n° 21/AN/83 du 3 février 1983 précitée.

injonctions des institutions financières internationales, une nouvelle politique visant à libéraliser le marché du travail a pris le relais de l'interventionnisme étatique qui prévalait depuis l'Indépendance. Au cœur de cette politique va se trouver la question de la consécration du recrutement direct et de l'ouverture du marché du placement à la concurrence.

La reconnaissance de la liberté d'embauche directe et celle de faire appel aux services des agences privées d'emploi ont été affirmés par la loi du 23 septembre 1997 portant aménagement du Code de 1952. Ainsi, sont abrogées les dispositions antérieures contraires qui accordaient le monopole de placement et d'embauche au Service national de l'emploi. Cependant, ni la loi de 1997, ni le Code du travail de 2006 ne suppriment cet office qui est devenu l'Agence Nationale de l'Emploi et de la Formation Professionnelle. Ils le mettent simplement dans une situation de concurrence avec des organismes privés de placement auxquelles les demandeurs d'emploi peuvent désormais s'adresser (Section1). Concernant l'embauche proprement dite, il n'y a pas eu une réelle évolution normative. C'est quasiment le même droit issu du Code de 1952 qui continue de gouverner la matière (Section 2).

## Section 1 - Les organismes de placement des demandeurs d'emploi

Le placement public est opéré par l'Agence Nationale de l'Emploi, de la formation et de l'Insertion Professionnelle (§ 1) alors que le placement privé est principalement du ressort des Agences Privées d'Emploi (§ 2).

### §1-L'Agence Nationale de l'Emploi, de la formation et de l'Insertion Professionnelle (ANEFIP).

L'ANEFIP, établissement public à caractère administratif doté de la personnalité morale et de l'autonomie de gestion, est chargée d'assurer les missions suivantes: l'accueil, l'orientation, le placement et l'accompagnement des demandeurs d'emploi. Concrètement, l'ANEFIP a pour missions de :

- prospecter le marché du travail, procéder à la collecte des offres d'emploi, assurer la mise en relation entre les offres et les demandes d'emploi (l'employeur n'est plus tenu de l'informer des places vacantes au sein de son entreprise[34]) ;

- accueillir, informer, orienter, et accompagner les personnes, qu'elles disposent ou non d'un emploi, à la recherche d'un emploi, d'une formation ou d'un conseil professionnel ;

- faciliter l'insertion professionnelle des jeunes qu'ils soient diplômés de la formation technique ou diplômés de l'enseignement supérieur[35].

Toute personne à la recherche d'un emploi est invitée à requérir son inscription sur la liste des demandeurs d'emploi auprès de l'ANEFIP.

### §2- Les Agences Privées d'Emploi (APE)

Les APE sont investies d'une mission de placement qui consiste à fournir, à titre habituel, des services visant à rapprocher offres et demandes d'emploi sans être parties aux relations de travail susceptibles d'en découler.

Aucun service de placement ne peut être refusé à une personne à la recherche d'un emploi ou à un employeur pour un motif discriminatoire[36].

---

[34] Article 203 du Code du travail.

[35] Article 31 de la loi n° 203/AN/07 du 22 décembre 2007 portant création de l'ANEFIP.

[36] Article 3 du décret n° 2018-103/PR/MTRA du 08 mars 2018 définissant les conditions d'exercice des activités des APE

Enfin, le principe de gratuité de l'activité de placement s'applique aux personnes à la recherche d'un emploi. Les frais des services de placement opérés par l'APE sont à la charge de l'employeur. Ils sont plafonnés à hauteur de 10 % de la rémunération mensuelle nette[37].

## Section 2 - L'embauche

L'embauche est le fait, pour un employeur, d'engager un travailleur pour un travail déterminé. L'employeur est tenu de respecter certaines obligations préalablement (§ 1) et postérieurement (§ 2) à l'embauche.

### §1-Les obligations préalables à l'embauche

Ces obligations limitent dans une certaine mesure la liberté de l'employeur dans le choix du salarié. Elles concernent le respect de l'âge d'admission au travail (A), l'interdiction de toute discrimination (B) et les priorités d'emploi pour certaines catégories de salariés (C) et la protection de la main-d'œuvre nationale (D).

#### *A-L'âge d'admission au travail*

L'âge d'admission au travail est de 16 ans révolus[38] ; il concorde avec celui de fin de la scolarité obligatoire. Ainsi, la loi est en conformité sur ce point avec la convention n° 138 de l'OIT et fait même mieux que celle-ci qui fixe l'âge minimum d'accès à l'emploi à 15 ans.

Si le respect de l'âge minimum d'accès à l'emploi est effectif dans l'économie formelle, il reste néanmoins ineffectif dans les secteurs de l'économie informelle qui emploient des enfants à des tâches susceptibles de porter préjudice à leur santé.

---

[37]Ibid, article 19.
[38] Article 5 du Code du travail

*B-L'interdiction de toute discrimination*

L'article 3 du Code du travail constitue le texte de référence en matière de discriminations au travail. Ce texte, fruit d'une transposition de la Convention n° 111concernant la discrimination de l'OIT ratifiée par la République de Djibouti vise l'embauche, mais également l'exécution et la rupture du contrat de travail : « Aucune personne ne peut être écartée d'une procédure de recrutement, sanctionnée, licenciée ou faire l'objet d'une mesure discriminatoire, notamment en matière de rémunération, de formation, d'avancement, de promotion professionnelle, de l'octroi d'avantages sociaux en raison de son origine sociale, de son sexe, de son âge, de sa race, de sa couleur, de son appartenance ou de sa non-appartenance à un syndicat, de ses opinions politiques ou religieuses, de ses activités syndicales ».

*C-Les priorités d'emploi*

L'employeur doit, avant de pourvoir un poste, s'assurer qu'il n'existe pas de salariés bénéficiant d'une priorité d'emploi. Ainsi en est-il des salariés dont le contrat a été rompu pour des motifs économiques[39]. Ces derniers bénéficient de ladite priorité pendant un délai d'un an à compter de la date de la rupture de leur contrat. Il en est de même des nationaux dans le cadre des zones franches. Ainsi, le personnel des entreprises installées à l'intérieur des zones franches doit être composé à 30 % de travailleurs nationaux à la fin de leur première année d'exploitation. Cette proportion devant atteindre 70 % du personnel djiboutien au terme des cinq années d'activités en zones franches[40].

Enfin, dans un registre connexe, a été récemment instaurée une obligation d'emploi des personnes handicapées dans les

[39] Article 53 du Code du travail.

[40] Article 29 de la loi n° 53/AN/04/5ème L du 17 mai 2004 portant Code des Zones Franches.

établissements publics et privés ayant un personnel relevant du Code du travail. Pour ce faire, un quota minimal de personnes handicapées variable en fonction de l'effectif de l'entreprise a été mis en place[41].

### *D - L'emploi des travailleurs étrangers*

L'emploi des travailleurs étrangers est soumis à une réglementation spéciale. La personne étrangère, qui souhaite occuper un emploi salarié sur le territoire djiboutien, doit obtenir une autorisation temporaire de travail délivré par l'ANEFIP[42]. A défaut, elle ne peut pas être embauchée. Des sanctions sont prévues en cas d'emploi d'un travailleur illégal[43].

Sont dispensés de l'autorisation de travail temporaire, les travailleurs étrangers des fournisseurs des États-Unis au camp militaire américain « Lemonnier » et ce en vertu d'un accord international[44].

## §2-Les obligations postérieures à l'embauche

Une fois embauché, l'employeur doit immédiatement procéder à l'immatriculation du nouveau travailleur (INT) auprès de la Caisse Nationale de Sécurité Sociale (CNSS). À défaut, la loi donne au

---

[41] Article 6 et 7 du décret n° 2020-294/PR/MTRA du 16 novembre 2020 portant dispositions particulières à l'emploi des personnes handicapées. L'article 7 de ce décret fixe le nombre minimal de personnes handicapés comme suit : de 50 à 100 salariés : une personne au minimum ; de 100 à 300 salariés : 4 personnes au minimum ; de 300 à 500 salariés : 7 personnes au minimum ; 500 et plus : 10 personnes au minimum.

[42] Article 26 du Code du travail.

[43] V. la loi n° 201/AN/07/5ème L. du 22 décembre 2007 fixant les conditions d'entrée et de séjour en République de Djibouti.

[44] Article 5 de l'accord entre le Gouvernement des Etats-Unis d'Amérique et le Gouvernement de la République de Djibouti concernant l'accès à des installations situées sur le territoire de la République de Djibouti et leur utilisation du 19 février 2003.

travailleur la faculté de demander directement son immatriculation à la Caisse[45]. Il lui est attribué une carte d'immatriculation unique destinée à consigner son identité, le numéro d'immatriculation et les renseignements essentiels sur ses périodes d'emploi.

L'immatriculation et l'attribution subséquente d'une carte d'immatriculation présentent différents intérêts. Premièrement, elles permettent au salarié de faire valoir ses droits auprès de la CNSS (soins médicaux, versement d'indemnités journalières en cas d'accident du travail, prestations familiales, etc.). Deuxièmement, elles sont utiles pour l'employeur aux fins de déclaration de leurs salariés et du versement des cotisations sociales qui sont à sa charge. L'employeur qui de manière intentionnelle ne procède pas à l'immatriculation susvisée commet le délit de dissimulation d'emploi salarié.

Il existe d'autres formalités qui doivent être accomplies par l'employeur postérieurement à l'embauche :

- l'inscription du salarié sur le registre du personnel avec mention de son état civil et de sa rémunération. Ce registre est obligatoire et doit être tenu à jour dans chaque entreprise ou établissement[46] ;

- la visite médicale d'embauche dans les huit jours qui suivent l'embauche ; l'intérêt pour tout l'employeur de vérifier l'état de santé du nouveau salarié est de se donner une référence de départ permettant de situer l'origine (avant ou après la prise de service) d'une maladie professionnelle éventuelle ;

- la déclaration de la situation de main-d'œuvre. Chaque mois, chaque employeur est tenu de faire mensuellement à l'ANEFIP

---

[45] Article 49 de la loi n° 212/AN.07/5ème L. du 19 janvier 2008 portant création de la Caisse Nationale de Sécurité Sociale.

[46] Article 209 du Code du travail.

la nature des postes de travail pour lesquels des recrutements ont été opérés ainsi que l'identité et les qualifications des travailleurs embauchés[47] ;

- l'information du salarié. Cela concerne la mise à disposition d'un exemplaire du Code du travail[48], l'affichage obligatoire du règlement intérieur à une place aisément accessible[49], l'affichage de la durée et de l'horaire de travail sur les lieux de travail, documents par ailleurs communiqués à l'Inspecteur du travail[50], etc.

---

[47] Article 204 du Code du travail.
[48] Article 6 du Code du travail.
[49] Article 275 du Code du travail.
[50] Article 83 du Code du travail.

# Chapitre 3- Le contrat de travail

Au XIXème siècle, en Europe, sous l'influence de l'idéologie individualiste et de la doctrine du libéralisme économique, toutes les personnes étaient regardées comme égales en droit et libres de s'engager comme bon leur semblait, sans que l'État se reconnaisse la possibilité d'intervenir pour d'autres motifs que l'ordre public et les bonnes mœurs. Les relations de travail étaient donc intégralement régies par les clauses du contrat, que l'on appelait alors "louage de service" et qui devaient être librement débattues entre l'employeur et chacun de ses salariés. Les règles de travail étaient uniquement l'œuvre de volontés privées.

Mais ce système libéral absolu, s'il a permis l'essor de l'industrie, a eu pour le monde salarié les résultats les plus néfastes ; car si les volontés sont en principe souveraines, égales et libres, en fait, dans les rapports individuels entre salariés et employeurs, l'employeur est toujours en mesure d'imposer sa volonté et de choisir celui ou ceux qui acceptent les conditions les moins onéreuses, pour ne pas dire misérables, comme peintes par Zola dans Germinal. Ainsi, sous la pression de la collectivité ouvrière, et sous l'influence de juristes et de philosophes, l'État a été amené à intervenir dans le contrat de travail pour rééquilibrer les relations entre les parties et à imposer, en faveur des salariés, des garanties qui sont allées sans cesse en s'amplifiant.

Les territoires d'Outre-mer vont longtemps rester à l'écart de cette évolution normative. En lieu et place, il y prévaut une politique d'exploitation menée par le colonisateur, prompt à trouver auprès des travailleurs indigènes de la main-d'œuvre à un prix très faible, de n'importe quelle façon, et sans se poser trop de questions. En sus de cette négation du droit du travail, la traite des noirs et le travail forcé y sont pratiqués un peu partout en Afrique.

Mais l'extension rapide du salariat dans l'après-guerre jointe à la pression des organisations internationales conduisent à mettre en place une législation garantissant des droits et libertés aux travailleurs ultramarins. Chacun comprend dès lors qu'il n'est plus possible d'abandonner aux bons vouloirs patronaux le soin de réglementer les relations de travail. La prise en compte de cette nécessité par le Code du travail de 1952 se traduit entre autres par des restrictions apportées au principe de la liberté de contracter, restrictions valables pour tous les contrats limitant la liberté de contenu pour des raisons d'intérêt général ou d'ordre public. Nous ne sommes donc plus en présence d'un contrat au sens traditionnel du mot, avec libre discussion, concessions réciproques et finalement accord des volontés, mais devant un statut imposé par la loi, auquel travailleurs et employeurs adhèrent.

Lors de l'indépendance en 1977, la reconduction du Code du travail de 1952 continue à faire primer cette logique statutaire sur la logique contractuelle. Une telle approche restrictive est remise en question à partir de la fin des années 90 marquées par la crise économique et financière qui atteint alors le pays. Le législateur djiboutien opère en 2006 alors un rééquilibrage des rapports entre salariés et employeurs pour engendrer, *in fine*, un droit du travail contractualisé, du moins sur certains aspects.

Quoi qu'il en soit, le contrat de travail est et demeure le mécanisme juridique par lequel s'acquiert et se perd la qualité de travailleur salarié ; ainsi, il reste, d'une part, soumis à des critères généraux quant à son existence (Section 1) et à de règles applicables tant au niveau de sa formation qu'au niveau de son exécution (Section 2); et d'autre part, la transposition des rapports individuels de travail sur le plan collectif a vocation à améliorer le contenu du contrat individuel du travail, mais jamais elle ne saurait en réduire les avantages, notamment pour les droits acquis (Section 3).

## Section 1- Les critères du contrat de travail

Le Code du travail donne une définition du contrat de travail. Selon les dispositions de son article 7, « le contrat de travail est un accord de volonté par lequel une personne physique s'engage à mettre son activité professionnelle sous la direction et l'autorité d'une autre personne physique ou morale, publique ou privée, moyennant rémunération ».

Trois critères se dégagent de cette définition : la prestation de travail (§1), la rémunération (§2) et le lien de subordination (§3).

### §1-La prestation de travail

Elle consiste en une obligation de faire qui doit revêtir certaines caractéristiques. Le salarié est normalement engagé pour rendre des services à son employeur. Son engagement l'oblige à accomplir des actes destinés à l'accomplissement du travail pour lequel il est recruté. Il peut s'agir d'actes matériels (physique, artistique ou intellectuelle), ou juridiques (la représentation de l'employeur auprès de tierce personne).

La prestation de travail doit être accomplie volontairement (ce n'est pas un travail forcé). Elle doit être individuelle et non collective, même si elle contribue à une œuvre collective. De plus, elle doit être personnelle de sorte que le travailleur ne peut se faire substituer un tiers. Il s'agit du caractère *intuitu personae* du contrat de travail.

Enfin, elle doit être à exécution successive ; le contrat ayant ainsi un caractère successif, on pourra le modifier ou le résilier.

### §2-La rémunération

La rémunération est la contrepartie de la prestation de travail. En l'absence de rémunération, on ne peut pas parler de contrat de travail.

Il en est ainsi des travaux accomplis ou services rendus bénévolement entre amis[51].

La rémunération peut revêtir diverses formes et modalités. Toutefois, celles-ci ne sont pas décisives pour qualifier le contrat de travail dans la mesure où on les retrouve dans d'autres contrats à titre onéreux (contrat d'entreprise, contrat de mandat, contrat de société, etc.). Elles ne peuvent que constituer des éléments d'indice qui doivent être confirmés par la subordination.

### §3-La subordination juridique

La subordination constitue le critère déterminant du contrat de travail. Deux types de subordination s'opposent traditionnellement : la subordination économique et la subordination juridique.

La dépendance économique peut être relevée lorsque celui qui fournit le travail en tire son unique ou du moins son principal d'existence et quand d'autre part celui qui paye le travail utilise entièrement et régulièrement l'activité de celui qui le fournit. Ce critère, trop imprécis, a toutefois été écarté au profit de la subordination juridique par un vieil arrêt de la Cour de cassation[52], lequel fut repris par la jurisprudence djiboutienne. Celle-ci a défini très tôt l'état de subordination juridique comme « le pouvoir de l'employeur de donner des ordres et des directives au salarié pendant l'exécution de la prestation de travail, de le contrôler et de le sanctionner le cas échéant »[53].

---

[51] Il a été jugé qu' « une personne élevée par une autre, laquelle a pourvu à son entretien et à son éducation et qui a fourni en échange quelques services, ne peut être considérée comme un travailleur » (Tribunal du travail de Djibouti, TPOM n° 237 du 2 juillet 1968).

[52]Cass. Sociale, 6 juillet 1931, Dalloz 1931, p. 131.

[53] Tribunal de travail de Djibouti, TPOM n° 261 du 16 juillet 1969 ;

La subordination juridique permet de distinguer le contrat de travail du :

-contrat d'entreprise par lequel une partie s'engage à accomplir pour l'autre un travail déterminé moyennant un prix convenu, en dehors de tout lien de subordination. Ce travail, ou entreprise, est exécuté sous la seule responsabilité du travailleur dénommé « entrepreneur » et moyennant un prix fixé à l'avance. Ainsi, les juges ont très tôt jugé que « lorsqu'une personne demande à une autre une tâche déterminée à exécuter de sa propre initiative en toute indépendance et moyennant rémunération forfaitairement fixée, il n'y a pas entre les parties de liens de subordination, élément caractéristique du contrat de travail »[54].

-contrat de mandat, qui est un acte par lequel une personne confie à une autre le pouvoir de faire quelque chose en son nom et pour son propre compte[55]. Le mandat est en principe gratuit. Il ne saurait être alors question de contrat de travail. Mais il peut y avoir « convention contraire »[56]. Alors la distinction redevient parfois délicate. Par exemple, il ne saurait y avoir contestation à propos d'un avocat qui représente son client en justice : quoique recevant des honoraires et émoluments, il est un mandataire, non un travailleur au sens de l'article 1er du Code du travail, car ses règles professionnelles lui imposent d'être exempt de tout lien de subordination.

-Contrat de société par lequel deux personnes, ou plus, conviennent de mettre quelque chose en commun en vue de partager les bénéfices qui en résultent ou de profiter de l'économie qui pourra en résulter[57]. Dans ce type de contrat, les associés sont placés sur un pied d'égalité de sorte que tout rapport de subordination est exclu. Ils ont, de surcroît,

[54]Tribunal de travail de Djibouti, TPOM n° 189 du 12 mai 1966, p. 3
[55] Article 2175 du Code civil.
[56] Article 2177 du Code civil.
[57] Article 1969 du Code civil.

vocation à participer aux bénéfices et aux pertes. Au contraire, les salariés ne supportent pas directement les pertes de l'entreprise[58].

Dans de nombreux cas cependant, il est difficile de déterminer s'il y a subordination juridique. Il faut recourir souvent à des éléments d'appréciation empruntés aux conditions de travail, à la soumission à des horaires, au mode de rémunération, à la fourniture des matières premières ou du matériel, et à l'absence de clientèle et d'auxiliaires rémunérés par le travailleur. Aucun de ces éléments n'est décisif et ne se suffit à lui-même. Il peut cependant constituer une présomption, qui, s'ajoutant à d'autres, peut décider en faveur de la subordination. Ainsi, pour conclure à la conclusion du contrat de travail, les juges retiennent, outre la subordination, la délivrance de bulletins de paie[59], le défaut de comparution de l'employeur[60] et la participation aux élections des délégués du personnel[61].

## Section 2 - Les conditions de validité du contrat de travail

Ces conditions relèvent aussi bien du fond (§1) que de la forme (§2).

### §1-Les conditions de fond

Il s'agit des conditions générales de validité des contrats énumérées à l'article 1281 du nouveau Code civil djiboutien[62], soit :

---

[58] Voir dans ce sens, arrêt n°107/C/AG/04 du 19 septembre 2004 de la Cour suprême de Djibouti, Organisme de Protection Sociale (OPS)/Abdallah Abdoul-Latif.

[59] Voir dans ce sens, arrêt n° 67/12 du 07 octobre 2012 de la Cour d'appel de Djibouti, Abdo Mohamed Nure/Abdourahman Mohamed Ismael.

[60] Jugement n° 62/06 du 26 septembre 2006 du Tribunal du travail de Djibouti, Houssein Mohamed Ahmed / SakOheke.

[61] Tribunal du travail de Djibouti, TPOM n° 192 du 16 juillet 1966.

[62] Loi n° 003/AN/18/8ème L. du 12 avril 2018 portant Code civil. Avant cette loi, c'est le Code civil français dans sa version 1887 modifié d'une part par les diverses lois civiles françaises votées entre 1887 et le 27 juin 1977, à condition qu'elles aient été promulguées aux territoires d'outre-mer et promulguées localement; et d'autre

- un consentement réel, éclairé et libre des parties; il existe trois vices du consentement : l'erreur qui peut porter sur la personne du cocontractant ou l'objet du contrat; la violence qui peut être physique ou morale; le dol qui désigne une tromperie par des manœuvres ayant pour but de provoquer une erreur chez son partenaire contractuel (exemple: un candidat s'attribue des diplômes ou une expérience qu'il n'a pas).

- la capacité de contracter des parties : l'employeur et le salarié doivent être capables de contracter.

- un objet certain et licite : la prestation de travail doit être certaine (possible) et ne doit pas être illicite (illégale).

- une cause licite : la raison qui a poussé les parties à contracter ne doit pas être illicite.

La violation d'une des conditions de validité énumérées ci-dessus entraîne la nullité du contrat. La nullité prononcée par le juge n'a pas d'effet rétroactif. Elle ne concerne que l'avenir. Le travail ayant été accompli, l'employeur devra verser les salaires et délivrer un certificat de travail.

### §2-Les conditions de forme

Le contrat de travail, qu'il soit à durée indéterminée (CDI) ou à durée déterminée (CDD), doit être écrit. Avant la loi n° 221/AN/17/8ème L. modifiant et complétant la loi n° 133/05/5ème L. du 28 janvier 2006 portant Code du travail, la production d'un écrit n'était pas obligatoire pour les CDI. Le CDI pouvait être verbal comme il pouvait être constaté dans un document écrit.

---

part par les lois votées après le 27 juin 1977 en matière civile qui s'appliquait à Djibouti.

## Section 3 - Le contenu du contrat

Le contrat de travail est soumis à la liberté contractuelle et à la volonté des parties, ces dernières peuvent ainsi décider d'une période d'essai (§ 1) et peuvent aménager certaines clauses du contrat tout en respectant la loi (§ 2).

### §1- La période d'essai

La période d'essai a pour but de mettre le travailleur à l'épreuve avant que le contrat définitif n'intervienne. Ce temps d'épreuve, qui est souvent indispensable, présente cependant de graves inconvénients car les deux parties restent dans l'incertitude pendant toute la durée de la période d'essai. L'article 21 du Code du travail est révélateur de cette incertitude juridique puisqu'il indique que l'employeur ou le travailleur peut rompre le contrat sans préavis, ni indemnités de quelque nature.

Il est donc nécessaire que chacun sache exactement à quoi s'en tenir avant de s'engager. C'est pourquoi le législateur a précisé, d'une part, qu'il n'y aurait d'engagement à l'essai que si cela était expressément stipulé au contrat[63], d'autre part qu'en cas de stipulation d'une période d'essai par les parties, sa durée serait limitée, insérée dans des délais variables selon la nature du contrat.

Pour les CDI, ce délai est de quinze jours pour les employés, ouvriers et manœuvres payés à l'heure, d'un mois pour les employés, ouvriers et manœuvres payés au mois, de trois mois pour les agents de maîtrise, cadres et assimilés.

Pour les CDD, ce délai est égal à un jour par semaine de travail prévu ou prévisible sans pouvoir excéder un mois pour les employés,

[63] Article 17-1 du Code du travail.

ouvriers et manœuvres et trois mois pour les agents de maîtrise et cadres.

La possibilité de renouveler une période d'essai est limitée à une seule fois. Selon les termes de l'article 18-1 du Code du travail, cette possibilité ne concerne que les CDI et doit être constatée par écrit. De plus, la période d'essai, renouvellement compris, ne peut pas dépasser :
-30 jours pour les employés, ouvriers et manœuvres payés à l'heure ;
-deux mois pour les employés, ouvriers et manœuvres payés au mois ;
-six mois pour les agents de maîtrise, cadres et assimilés.

Enfin, à l'expiration de la période d'essai, chacun peut évidemment, sans préavis, reprendre sa liberté, comme il aurait pu le faire pendant sa durée ou, d'un commun accord, les parties peuvent expressément conclure un contrat de travail définitif. Si elles ne font ni l'un ni l'autre et que les relations de travail se poursuivent, le contrat se transforme en contrat de travail à durée indéterminée, avec toutes les conséquences qui en découlent.

**§2-Les clauses du contrat de travail**

Le principe de la liberté contractuelle veut que les parties soient libres de faire figurer dans le contrat toutes les clauses sur lesquelles elles se sont mises d'accord. Cependant, cette liberté n'est pas absolue car elle doit respecter l'ordre public absolu et ne pas être défavorable à une disposition légale ou conventionnelle.

Parmi les clauses susceptibles de figurer dans un contrat de travail, on trouve la clause d'exclusivité qui est une contractualisation de l'obligation d'exclusivité de l'article 64 du Code du travail. Celui-ci dispose que "le travailleur doit toute son activité professionnelle à l'entreprise". On pourrait a priori penser que le législateur interdit au salarié d'avoir plusieurs employeurs ou d'ouvrir sa propre entreprise.

Mais cette interdiction n'est pas absolue car le dernier fragment de l'article 64 précité, par l'expression « sauf stipulation prévue au contrat », reconnaît implicitement que si le contrat le prévoit, le travailleur peut entreprendre une activité professionnelle parallèle. Il s'agira vraisemblablement d'une activité professionnelle non concurrente ou n'ayant aucun lien de similarité avec celle de l'employeur.

Dans ce même registre, on peut également trouver la clause de non-concurrence souvent insérée dans les contrats de travail du fait de l'employeur qui prive ainsi le salarié d'exercer une activité après l'expiration du contrat de travail[64]. Une telle clause est dangereuse pour le salarié en ce qu'elle porte atteinte à la liberté d'entreprendre et à la liberté de travail du salarié. Dans une société désormais marquée par le libéralisme, il est difficilement concevable que la non-concurrence puisse être érigée en obligation contractuelle. De plus, est-il équitable d'interdire à un salarié licencié et chômeur de postuler à des emplois pour lesquels il est spécialement compétent, surtout lorsque l'on sait les faibles capacités de création d'emploi de l'économie nationale ? Enfin, il serait économiquement incompréhensible qu'un pays se prive de la compétence et du dynamisme de ses cadres en donnant force juridique à une clause qui leur interdit de travailler dans des secteurs d'activité où ils apporteraient leur performance.

C'est en cela que la loi du 23 septembre 1997 portant aménagement du Code de 1952 repris dans toutes ses dispositions par le Code de 2006 interdit de façon formelle et absolue toute clause de non-

[64] En ce sens, elle doit être distinguée de l'obligation de loyauté qui interdit notamment au travailleur de se livrer à une activité concurrente pendant l'exécution du contrat de travail, que le contrat soit suspendu ou non, c'est-à-dire pendant même pendant ses congés.

concurrence[65]contrairement au Code de 1952 qui l'autorisait sous certaines conditions[66].

Enfin, il y a la clause de dédit-formation, qui oblige le salarié, bénéficiaire d'une formation, à rester aux services de son employeur pendant une durée déterminée sous peine de rembourser les frais de formation. Une telle clause, quasi inconnue à Djibouti, est pourtant prévue et réglementée par le Code de 2006. L'article 78 dudit Code fixe les modalités d'application de la clause de dédit-formation : la durée d'engagement du salarié doit être proportionnelle au coût de la formation et du perfectionnement professionnel sans pour autant excéder deux années.

[65] Les rares décisions de justice rendues sur la base de l'article 64 du Code du travail de 2006 invalident les clauses de non-concurrence (arrêt n° 69 /12 du04 novembre 2012 de la Cour d'appel de Djibouti, Société Alliance Construction/ Hibo Omar Farah (inédit)).

[66] Sur la clause de non-concurrence sous l'empire du Code du travail de 1952, voir not. Kirsch, M., La clause de non-concurrence. Évolution en Afrique par rapport à la jurisprudence française et la loi du 15 décembre 1952, TPOM, 1972, n° 321, p.7108.

## Chapitre 4- Les différentes formes contractuelles

À Djibouti, toute la philosophie législative des relations de travail a longtemps été orientée vers l'objectif de stabilité professionnelle à travers la promotion du contrat de travail à durée indéterminée (CDI). En effet, ce type de contrat a bénéficié des faveurs du législateur de 1952 par référence aux autres types de contrats de travail qui étaient soient surveillés par l'Administration du travail[67], soient purement interdits. Par ailleurs, le contexte du marché du travail post indépendance a favorisé le CDI. Ainsi, durant la décennie consécutive à l'Indépendance, la politique nationale de l'emploi est marquée par un plein essor de l'emploi des nationaux en vue d'assurer la relève des agents coloniaux. Concrètement, il s'est agi d'offrir un emploi permanent à presque tous les diplômés, sans prendre en considération la qualification professionnelle réelle des postulants. Cette capacité d'embauche est amplifiée par l'existence d'un secteur parapublic constitué de petites unités industrielles, agricoles et de services.

Mais la crise économique et financière des années 90 et les mesures législatives d'allègement des contraintes prises en conséquence ont conduit à l'introduction de nouveaux modes de recrutement. À côté du CDI qui apparaît encore comme la norme, c'est-à-dire le contrat de droit commun, ont été créés de nouveaux contrats qui ne sont pas à durée indéterminée et à temps plein. Le recours à ces nouvelles formes de contrats (contrat de travail à durée déterminée, contrat de travail intérimaire, contrat de travail à temps partiel) n'est pas seulement synonyme de flexibilité et de diversité pour les entreprises ; il entraîne aussi une précarité des conditions de travail et de vie de milliers de

[67] Le Code du travail des territoires d'outre-mer du 25 décembre 1952, resté appliqué à Djibouti jusqu'en 2006, faisait la part belle au CDI. Le seul contrat dérogatoire reconnu étant le contrat à durée déterminée (CDD) mais celui-ci faisait l'objet d'une surveillance réglementaire et administrative particulière. En effet, l'article 32 du Code de 1952 soumettait le CDD de plus de trois mois au visa de l'Inspection du travail (IT) qui contrôlait, à l'occasion la conformité de ses clauses aux dispositions légales.

travailleurs, même si la loi n°221/AN/17/8ème L. du 25 juin 2018 modifiant et complétant la loi n° 133/AN/05/5ème L. du 28 janvier 2006 portant Code du travail et le décret n° 2018-103/PR/MTRA du 8 mars 2018 définissant les conditions d'exercice des activités des Agences Privées d'Emploi (APE) sont venus tempérer, du moins théoriquement, cette précarité.

Nous traiterons ici du contrat de travail à durée déterminée (Section 1) et du contrat de travail intérimaire (Section 2).

## Section 1 - Le contrat de travail à durée déterminée

En principe, le contrat à durée indéterminée constitue la forme normale et générale de la relation de travail même si les textes ne sont pas explicites à ce propos. La stipulation d'un terme dans un contrat de travail n'est donc valide que de manière exceptionnelle, sous condition du respect de certaines règles relatives aux conditions de recours (§ 1) et à la cessation (§ 2).

### §1-Les conditions de recours

Les principales restrictions faites à l'usage de contrats de travail à durée déterminée touchent aux domaines dans lesquels un terme peut être valablement conclu (A). Des conditions de forme sont également édictées (B). Le législateur a enfin limité la durée et le renouvellement du CDD (C).

#### *A-Les conditions de fond*

La loi établit une liste de cas dans lesquels le recours au CDD est autorisé ; les cas autorisés sont les suivants[68]:

---

[68] Article 12 du Code du travail.

- remplacement d'un salarié absent temporairement pour cause de formation, maladie et maternité ;

- embauche effectuée pour la durée d'un chantier ou d'une mission ;

- augmentation passagère du volume d'activité de l'entreprise ;

- emplois par nature temporaires : emplois à caractère saisonnier (agriculture, tourisme) ou cas pour lesquels il est d'usage de ne pas recourir au CDI en raison de la nature de l'activité et du caractère temporaire de ces emplois (spectacle, enseignement);

- embauche effectuée dans le cadre de la politique de l'emploi en faveur des personnes sans emploi.

Le recours à ce type de contrat est tellement fréquent au niveau des entreprises ou établissements qu'il s'effectue souvent en dehors du cadre fixé par la loi.

### *B- Les conditions de forme*

Le CDD doit obligatoirement être établi par écrit[69]. À défaut, il est réputé conclu pour une durée indéterminée[70].

Le défaut d'indication de la limite temporelle dans le corps du CDD[71] requalifiait également celui-ci en contrat à durée indéterminée[72]. Mais cette formalité est désormais tempérée par la loi du 25 juin 2018 qui indique que le CDD peut ne pas comporter de terme précis et ce quel que soit le cas de recours envisagé.

---

[69] Article 9 du Code du travail.

[70] Article 15 du Code du travail.

[71] Article 14 du Code du travail.

[72] Pour une requalification du contrat en CDI en raison de l'absence d'indication dans le document d'embauche produit par l'employeur, de la date de fin du chantier, ni de la date de cessation d'activité du salarié, voir l'arrêt n° 333/08 de la Cour suprême du 29 mai 2011, Société Homan Engenering/ Djama Ali Abdallah (inédit).

Quand le CDD est sans terme précis, il est alors conclu pour une durée minimale et aura pour terme la fin de l'absence de la personne remplacée ou la réalisation de l'objet pour lequel il a été conclu[73]. La durée minimale doit être mentionnée dans le corps du contrat. Toutefois, cette mention obligatoire n'est pas réglementée : il n'existe pas de durée minimum légale.

### *C- Les conditions de temps*

Le renouvellement d'un CDD consiste à prolonger le contrat initialement conclu. Il ne s'agit pas de la conclusion d'un nouveau contrat. Un CDD, qu'il ait ou non un terme précis, ne peut pas être renouvelé plus d'une fois. Ce renouvellement ne peut pas avoir pour effet de dépasser la durée maximale autorisée (24 mois). Il peut résulter soit d'une clause du contrat, soit d'un avenant contractuel qui doit être soumis au salarié avant le terme convenu du contrat[74].

## §2-La cessation du CDD

En principe, l'arrivée du terme entraîne de plein droit la fin du CDD[75] sauf si les relations contractuelles de travail se poursuivent au-delà du terme par le fait qu'aucune des parties n'a pris l'initiative du départ. C'est la reconduction tacite ou expresse. Cette dernière se fait soit selon une nouvelle durée déterminée si une clause de contrat le prévoit, soit en cas de silence des parties, pour une durée indéterminée.

---

[73] La loi du 25 juin 2018 ne fixe pas clairement des cas spécifiques de recours du CDD à terme imprécis. Par l'expression « dans les cas prévus aux point cités à l'alinéa précédent », l'alinéa 2 de son article 21 semble autoriser le recours aux CDD à terme imprécis dans l'ensemble des cas précités.

[74] V. dans ce sens, arrêt n° 61/16 du 30 septembre 2012, Cour d'appel de Djibouti, Société United Infrastructures Projects/ Houda Houssein Waiss (inédit).

[75] Ainsi, il a été jugé très tôt que « lorsqu'un contrat de travail à durée déterminée arrive à son terme, l'employeur ne commet aucun abus en ne le renouvelant pas » (Tribunal du travail de Djibouti du 8 juin 1964, TPOM n° 189 du 2 juin 1966).

Exceptionnellement, le CDD peut, selon l'article 46 du Code du travail, faire l'objet d'une rupture anticipée pour :

- résiliation par accord écrit des parties ;
- cas de décision judiciaire ;
- cas de force majeure ;
- cas de difficultés économiques et financières ou encore techniques, signalés par écrit, à l'Inspection du travail, dans le cadre des dispositions prévues à l'article 41 alinéa 15 ;
- cas de faute lourde de l'une des parties.

En dehors des cas cités ci-dessus, la rupture anticipée du CDD ouvre droit, à l'autre partie, à des dommages et intérêts sans préjudice de toutes autres indemnités. Les juges du fond font souvent varier les conséquences de la cessation anticipée du CDD selon la personne de la victime : si c'est l'employeur, on applique le droit commun de la responsabilité ; à l'inverse, si c'est le travailleur qui a subi le préjudice, il pourra prétendre à trois chefs de réclamation à savoir : les dommages et intérêts qui correspondent aux salaires non perçus pendant la période restant à courir, l'indemnité de préavis qui sanctionne la brusque rupture[76].

## Section 2 - Le contrat de travail d'intérim

Le travail intérimaire s'est d'abord développé sans cadre légal avant de faire l'objet du décret n° 2004-0054/PR/MESN du 1er avril 2004 portant réglementation des agences privées d'emploi[77] abrogé par le décret n° 2018-103/PR/MTRA du 8 mars 2018 définissant les conditions d'exercice des activités des agences privées d'emploi. L'idée que poursuit la réglementation du contrat d'intérim est de

---

[76] V. dans ce sens, l'arrêt n° 35/11 du 03 avril 2011 de la Cour d'appel de Djibouti, Société Groupement Cosmezz/ Boutayna Abdallah Ahmed.
[77] La loi du 23 septembre 1997 portant aménagement du Code de 1952 consacrait le travail intérimaire sans le réglementer.

protéger les salariés contre les principaux risques du prêt de main-d'œuvre à but lucratif. Il s'agit désormais de s'assurer que l'APE présente certaines qualités et garanties (§1). Il s'agit ensuite de préciser les rapports juridiques qui lient les personnes impliquées dans l'opération (§2).

## §1-L'Agence privée d'emploi (APE)

Les textes législatifs et réglementaires visent à garantir le sérieux et la fiabilité des APE. Est considérée comme APE, toute personne physique et morale dont l'une des activités est de mettre à la disposition provisoire d'entreprises utilisatrices, des salariés qu'en fonction d'une qualification convenue, elle embauche et rémunère à cet effet. La création d'une APE doit faire l'objet d'une déclaration auprès du Ministère chargé du Travail suivie d'un agrément valable un an délivré par ce dernier. Une caution variable selon le nombre de salariés employés par l'APE doit également être déposée auprès du Trésor public[78]. Une fois autorisée, l'APE est soumise à un contrôle permanent, portant notamment sur les opérations qu'elle effectue.

## §2-Les rapports juridiques liant les personnes impliquées dans l'opération

L'opération de travail intérimaire met en présence trois parties contractantes : l'APE liée au travailleur intérimaire par un contrat de travail (A) et à l'utilisateur par un contrat de mise à disposition (B) ; le travailleur intérimaire salarié de l'APE a en même temps avec l'utilisateur, un lien de droit assez ténu et *de facto* étroit (C).

---

[78] L'article 17 du décret n° 2018-103/PR/MTRA du 8 mars 2018 précise que les APE doivent déposer auprès du Trésor public une caution fixée en fonction de l'effectif du personnel de chaque agence comme suit : de 1 à 49 employés, un montant de 4 millions de FDJ ; de 50 à 150 employés, un montant de 8 millions FDJ ; au-delà de 15 employés, un montant de 10 millions de FDJ.

### *A - APE et travailleur intérimaire : contrat d'intérim*

L'APE est l'employeur du travailleur mis à disposition. Le contrat entre cette agence et son salarié est un contrat de travail.

Ce contrat est conclu pour une mission, c'est-à-dire pour une tâche particulière à durée déterminée. À chaque nouvelle mission, le travailleur intérimaire signe un nouveau contrat de travail avec l'APE. Le contrat d'intérim est donc aujourd'hui nécessairement un contrat de travail à durée déterminée même si le décret du 8 mars 2018 précité a eu le bon goût d'inventer un contrat intérimaire à durée indéterminée. En effet, l'article 6 dudit décret oblige désormais les APE à proposer leurs emplois sous forme de CDI aux salariés ayant une ancienneté de deux années.

Le contrat d'intérim doit respecter les dispositions législatives et réglementaires relatives au terme, à la durée du contrat, au renouvellement, ou encore à la période d'essai, lesquels sont à peu de choses près la reproduction des dispositions relatives aux CDD. Comme pour les CDD, la durée du contrat d'intérim ne doit pas dépasser 24 mois[79].

### *B- APE et utilisateur : le contrat de mise à disposition*

Le contrat entre l'APE et l'utilisateur se nomme donc contrat de mise à disposition. C'est un contrat entre deux entreprises qui relève du droit civil ou du droit commercial. Il doit être écrit et contenir de nombreuses mentions, motif de l'appel à un travailleur intérimaire, terme de la mission, caractéristiques de l'emploi, la rémunération, etc. qui devront être d'ailleurs être reprises dans le contrat de travail entre l'APE et le travailleur. Cette obligation est salutaire. En effet, par le

---

[79] L'article 40 du Code du travail dispose, en effet, que « le contrat d'intérim, concernant un même salarié dans la même entreprise, est renouvelable dans la limite d'une durée totale limitée à deux années au maximum ».

contrat de mise à disposition, l'utilisateur bénéficie de travail subordonné sans assumer les obligations d'un employeur. Le droit du travail a été conçu pour être imposé aux utilisateurs de main-d'œuvre et non à des intermédiaires. En imposant ces précisions dans le contrat de mise à disposition, on permet ainsi un contrôle sur le respect des conditions posées par la loi, lequel suppose d'avoir des informations dont seul l'utilisateur est titulaire.

### *C - Travailleur intérimaire et utilisateur*

Les rapports entre entreprise utilisatrice et travailleur intérimaire ne reposent pas sur un contrat de travail, puisque le seul contrat de travail est celui qui lie l'APE et le travailleur intérimaire. Mais cela ne veut pas dire qu'ils n'ont aucun lien juridique. L'existence d'un lien juridique ne dépend pas seulement de celle d'un contrat, mais des effets que le droit confère à une relation qu'il modèle. On observe alors une répartition des prérogatives et de la responsabilité entre l'utilisateur et l'employeur de l'APE.

En premier lieu, l'utilisateur dispose d'un pouvoir de direction, qui le conduit à diriger le salarié dans l'exécution de son travail. Le pouvoir disciplinaire, quant à lui, reste aux mains de l'APE, conformément à l'article 37 du Code du travail.

En second lieu, la responsabilité est également distribuée corrélativement aux obligations de chaque employeur. L'utilisateur est responsable de l'ensemble des règles liées aux conditions de travail. Par ailleurs, comme il doit être indiqué dans le corps du contrat de mission, l'utilisateur ne peut pas s'interdire d'embaucher le travailleur au terme du contrat de travail le liant à l'APE.

Enfin, l'absence de tout contrat entre l'utilisateur et le travailleur intérimaire ne doit pas faire oublier l'obligation faite à l'APE de verser au travailleur intérimaire la rémunération que percevrait, après période d'essai, un salarié de même qualification occupant le même poste de travail dans l'entreprise utilisatrice.

Le décret du 8 mars 2018 soumet le contrat d'intérim à des exigences formelles telles que l'exigence d'un écrit, l'insertion de différentes mentions qui constituent la reproduction des clauses du contrat de mise à disposition (qualification du salarié, rémunération, période d'essai, une clause mentionnant qu'à l'issue de la mission, l'embauche du salarié par l'utilisateur n'est pas interdite), et le visa de l'Inspection du travail qui ne pourra être accordé qu'après l'exécution de deux premières formalités.

Le manquement aux exigences formelles, notamment la formalité de l'écrit conduit alors, à la demande du salarié, à la requalification en contrat à durée indéterminée avec l'APE.

# Chapitre 5- La suspension du contrat de travail

Conflit collectif, force majeure, maladie, accidents, service militaire, détention préventive, maternité, chômage technique, autant d'évènements qui entravent ou interdisent l'accomplissement du travail. Le contrat de travail se trouve alors dépourvu d'objet. Mais cette disparition n'est bien souvent que momentanée. Pour éviter de rompre un contrat qui pourrait revivre, on le suspend. En d'autres termes, on met en sommeil la principale obligation qui en découle : le salarié n'a plus à fournir sa prestation de travail. Symétriquement, l'employeur est souvent, mais pas toujours, autorisé à ne pas lui verser le salaire.

Une fois la cause de la suspension disparue, le contrat reprend son cours. Il existe plusieurs causes prévues pour l'essentiel, par l'article 41 du Code du travail de 2006 qui retient 17 évènements. Ainsi, l'article 41 du travail de 2006 élargit considérablement le domaine de la suspension du contrat de travail dès lors que son ancêtre, l'article 47 du Code de 1952, ne retenait que trois évènements.

Schématiquement, il est possible de distinguer ces évènements en fonction de la source de déclenchement de la suspension. Certaines suspensions sont tout simplement imposées par la loi : elles sont quasi automatiques. Les congés, les repos obligatoires en sont l'illustration même. Ils font l'objet d'un traitement dans le chapitre relatif à la durée du travail. D'autres trouvent leur origine dans le salarié (Section 2). Au premier chef, on trouve la grève, qui est étudiée dans un chapitre propre. Mais la maladie et l'accident, suspensions involontaires, font aussi obstacle à la fourniture de la prestation de travail. D'autres peuvent être le fait de l'employeur (Section 1). On retrouve une dichotomie assez proche. Il peut volontairement suspendre l'obligation d'un salarié : c'est la mise à pied. Il peut aussi subir des évènements extérieurs qui rendent impossible ou trop difficile la fourniture du travail. Il pourra alors recourir au chômage technique.

## Section 1-La suspension du fait de l'employeur

Elle intervient en dehors d'un conflit collectif (§1) et en cas de conflit collectif (§2).

### §1- La fermeture d'entreprise en dehors d'un conflit collectif

Elle concerne le service militaire de l'employeur (A), le chômage technique (B) et la force majeure (C). Ces périodes ont pour dénominateur commun de ne pas ouvrir droit au maintien de la rémunération, de ne pas compter comme temps d'ancienneté, ni comme droit au congé.

#### *A -Le service militaire de l'employeur*

C'est l'hypothèse de l'employeur, personne physique qui ne peut plus assurer la direction de l'entreprise lorsqu'elle a été fermée, parce qu'il y a eu appel sous les drapeaux ou pour une période obligatoire d'instruction militaire.

#### *B- Le chômage technique*

Le chômage technique demeure la situation dans laquelle l'entreprise réduit son activité pour des raisons économiques ou à la situation de certains événements particuliers : accidents survenus au matériel, interruption de la force motrice, problèmes de trésorerie, difficultés d'approvisionnement en matières premières ou en énergie. L'employeur peut alors suspendre les contrats de travail de tout ou partie de son personnel.

Unilatérale mais provisoire, une telle dérogation aux obligations du contrat de travail n'est possible qu'après information écrite de l'Inspection du travail et ne peut excéder la durée de trois mois renouvelable une fois. À l'expiration de ce délai, l'employeur doit décider de reprendre les travailleurs intéressés ou de les licencier pour motif économique[80].

Les mesures sanitaires liées à la pandémie de la Covid-19 et leur impact sur l'économie nationale ont poussé le Gouvernement à introduire un régime dérogatoire au régime du chômage technique, notamment au moyen de deux textes réglementaires : le décret n° 2020-063/MTRA du 23 mars 2020 et l'arrêté n° 2020-049/PR/MTRA du 29 avril 2020. Le second texte introduit un dispositif exceptionnel et provisoire de soutien à l'emploi composé de deux étages : le premier étage est constitué d'une indemnité compensatrice au profit du salarié placé en chômage technique, indemnité correspondant à 70 % de son salaire brut. Le paiement de cette indemnité est financé à hauteur de 40 % par l'employeur, les 30 % restants étant pris en charge par l'État. Le second étage est le report du prélèvement des impôts et des charges sociales au profit des entreprises touchées par les répercussions liées à la Covid 19.

### *C-La force majeure*

La force majeure justifie l'interruption momentanée des effets du contrat de travail. Le fait invoqué doit néanmoins justifier les éléments de la force majeure édictés par l'article 1364 du nouveau Code civil djiboutien :

- être imprévisible : ce caractère d'imprévisibilité sera particulièrement rigoureux en raison de ce que le chef d'entreprise est un capitaliste qui, par définition, a accepté le risque économique ;

---

[80] V. infra page 86 et S.

- être inévitable : le fait doit être indépendant de toute erreur commise par l'entrepreneur ;
- rendre impossible l'exécution des conditions du contrat.

Les conditions de la force majeure sont appréciées de manière stricte en droit du travail dans le souci d'assurer au maximum la stabilité de l'emploi. Ainsi, les simples difficultés économiques provoquant la fermeture temporaire de l'entreprise ne doivent en aucun cas être assimilées à de la force majeure par l'employeur. Elles doivent plutôt être assimilées à du chômage technique parce qu'elles ont pour effet de ne pas être rendre impossible l'exécution des conditions de travail.

### § 2 - La fermeture de l'entreprise dans le cadre d'un conflit collectif: le lock-out

Le lock-out peut être appréhendé comme la décision d'un employeur de fermer son entreprise et d'en interdire l'accès aux travailleurs.

Il est à distinguer du chômage technique qui est la résultante d'un évènement extérieur à la volonté de l'employeur. Si le lock-out est légitime, l'employeur n'est pas tenu de verser les salaires.

## Section 2 - La suspension du fait du salarié

Ces différentes causes concernent les absences autorisées (§ 1), les absences imposées au travailleur (§2) et les absences décidées par le travailleur (§ 3).

### §1-Les absences autorisées

Les absences sont légitimes lorsqu'elles sont prévues par la loi, les conventions collectives, et les contrats individuels.

Il existe des absences pour évènements familiaux[81] et des absences pour activités sportives et syndicales[82].

## § 2 - Les absences imposées au travailleur

Il s'agit des décisions administratives, pénales ou disciplinaires (A) de la santé (B) et de la grossesse du travailleur (C).

### *A - Les décisions administratives, pénales ou disciplinaires*

Ces absences sont liées au service militaire, à la détention préventive (détention provisoire) et à la mise à pied du travailleur. Elles n'ouvrent pas droit au maintien de la rémunération et ne sont pas assimilées à du travail effectif pour la détermination de l'ancienneté, ni du droit au congé.

La mise à pied est une sanction qui peut être prononcée à l'encontre d'un salarié fautif soit à titre disciplinaire, soit à titre conservatoire. Lorsqu'elle est justifiée, elle entraîne la suspension de son contrat de travail. Elle ne peut être invoquée par l'employeur pour justifier un licenciement que dans des délais prévus, en général, par les règlements intérieurs d'entreprises.

Quant à la détention préventive, la loi décide qu'elle est une cause de suspension du contrat pendant les trois premiers mois. Il s'en déduit que l'employeur ne pourra congédier le salarié que si l'incarcération se prolonge au-delà de ce délai ; et s'il se trouve dans l'obligation de procéder à son remplacement, il devra alors observer le préavis. La difficulté d'une telle mesure réside parfois dans l'impossibilité pour le salarié en détention d'exécuter le préavis. Dans ce cas de figure, l'employeur pourra se prévaloir des conséquences de cette absence sur

[81] Article 100 du Code du travail.
[82] Article 101 du Code du travail.

le fonctionnement de l'entreprise pour motiver le licenciement. Il se peut en effet que l'absence crée un trouble objectif au sein de l'entreprise, compte tenu de la nature des fonctions du salarié.

### *B - La santé du travailleur*

La santé du travailleur peut schématiquement regrouper les causes de suspension suivantes : la maladie non professionnelle (celle n'ayant aucun lien avec le travail) (1) la maladie professionnelle et l'accident du travail (2).

#### 1 - La maladie non professionnelle

L'arrêt de travail causé par la maladie non professionnelle constitue une période de suspension du contrat de travail soumise à conditions et qui produit certaines conséquences.

Le salarié malade, qui se voit prescrit un arrêt de travail par un médecin agrée doit prévenir l'employeur et justifier des raisons de son absence. Sauf disposition conventionnelle contraire, l'information peut théoriquement s'effectuer autant par oral que par écrit. Toutefois, le salarié doit, en toute hypothèse adresser le certificat médical initial et ses éventuelles prolongations.

Le Code du travail ne prévoit pas de délai pour l'envoi du certificat médical d'arrêt de travail. Souvent, le délai est fixé, selon les cas, par les contrats individuels de travail, les conventions collectives ou les règlements intérieurs[83].

---

[83] La Cour suprême a eu l'occasion de juger qu'en cas de rupture de la relation de travail pour abandon de poste, le travailleur ne pouvait faire valoir devant le juge, à l'appui de sa contestation de certificats médicaux qu'ils n'auraient pas porté à sa connaissance dans les délais prévus par le règlement intérieur (Cour suprême de Djibouti, SARL EGER-VERZI/ Saleh Osman Egal,19 mars 2000 (inédit). Voir dans le même sens le jugement du Tribunal du travail n° 160/15 Hachim Hassan Djama/Société Cosmezz du 24 octobre 2015 (inédit).

Cette durée de suspension du contrat limitée à neuf mois[84] ouvre droit au maintien d'une rémunération qui varie selon l'ancienneté du travailleur[85].

À l'expiration de ce délai de neuf mois, le travailleur peut être légitimement licencié s'il est reconnu inapte à tout emploi par un médecin agréé[86]. Le mode de cessation de la relation de travail est tranché par l'article 48 du Code du travail. Celui-ci considère « l'inaptitude à tenir un emploi » comme constituant elle-même, un motif légal de licenciement pour motif personnel. Toutefois, un tel licenciement n'est possible que si l'employeur justifie de l'impossibilité de proposer un emploi, si le certificat médical mentionne que le maintien dans un emploi serait gravement préjudiciable pour la santé ou que l'état de santé fait obstacle à tout reclassement dans un emploi ou encore si le salarié refuse l'emploi proposé dans le cadre du reclassement.

2 - L'accident du travail et maladie professionnelle

En cas d'accident du travail ou de maladie professionnelle, le contrat de travail est suspendu pendant toute la durée de l'indisponibilité du travailleur jusqu'à la consolidation de la blessure ou la guérison de la maladie dans la limite maximale de 12 mois. En sus du maintien de sa rémunération, aucun licenciement ne peut entrepris à son encontre dans ce cas, pendant la durée de son indisponibilité[87].

---

[84] Nouvel article 41-12 issu de la loi n° 221/AN/17/8ème L. du 25 juin 2018 modifiant et complétant la loi n° 133/AN/05/5ème L. du 28 janvier 2006 portant Code du travail

[85] L'article 43 du Code du travail prévoit « s'il a moins de douze mois consécutifs de service, la moitié du traitement pendant la durée du préavis prévu à l'article 56 ; s'il a plus de douze mois et moins de cinq ans consécutifs de service, la moitié de traitement pendant trois mois ; s'il a plus de cinq ans d'ancienneté, la moitié du traitement pendant neuf mois ».

[86] Article 44 alinéa 3.

[87] Ainsi, a été jugé abusif le licenciement intervenu pendant la période de suspension d'indisponibilité d'un gardien blessé au travail avec cécité quasi-totale de l'œil droit

*C - La grossesse*

La salariée enceinte peut bénéficier d'un congé de maternité pendant une période qui commence sept semaines avant la date présumée de l'accouchement et se termine 19 semaines après la date de celui-ci[88]. Ce congé peut être prolongé de trois semaines en cas de maladie médicalement constatée et résultant de la grossesse et des couches[89].

Pendant cette période, la salariée enceinte a droit à l'intégralité du salaire qu'elle percevait au moment de la suspension. Le paiement de cette indemnité est effectué pour moitié par la Caisse Nationale de Sécurité Sociale (CNSS) et pour moitié par l'employeur jusqu'à la quatorzième semaine du congé de maternité. Au-delà de la quatorzième semaine, le paiement est pris en charge exclusivement par la CNSS.

À son retour, la salariée doit reprendre le travail[90] et retrouver son poste ou un poste équivalent. De la même façon, elle doit profiter des augmentations de salaire générales attribuées en son absence, et cette dernière ne doit avoir aucune incidence sur sa carrière.
Une période de protection relative commence à courir le jour où l'état de grossesse est médicalement constaté et se déroule pendant la période de grossesse antérieure à la prise du congé. Pendant cette période, le licenciement n'est justifié que si l'employeur d'une faute

---

et enophtalmie (arrêt n° 55/C/AG/06 de la Cour suprême de Djibouti du 24 avril 2006, Yacin Abdallah Ragueh/ Wagdi Houssein Ali Kassim (inédit)).

[88] Nouvel article 113 du Code du travail issu de la loi n° 51/AN/19/8ème L. du 4 juillet 2019 portant modification partielle de l'article 113 de la loi n° 133/AN/05/5ème L. du 28 janvier 2006 portant Code du travail

[89] Article 113 du Code du travail.

[90] Constitue un abandon de poste caractéristique d'une faute lourde au sens de l'article 59 du Code du travail, privative de tous droits et notamment l'indemnité de préavis (...), la non-reprise du travail par une salariée à l'issue du congé de maternité et sans aviser au passage son employeur (Arrêt n° 209/C/AG/11 Cour suprême de Djibouti du 29 décembre 2011, Société Eger Verzi/ Afiya Zeid Mohsein (inédit)).

lourde de l'intéressée non liée à l'état de grossesse ou de son impossibilité de maintenir le contrat[91].

Pendant le congé de maternité, la salariée bénéficie d'une protection absolue (même en cas de faute lourde ou impossibilité de maintenir le contrat). Ainsi, le licenciement ne peut être ni notifié à la salariée pendant le congé, ni prendre effet pendant le congé[92].
Le licenciement prononcé ou maintenu en violation des règles protectrices énoncées à l'article 114 du Code du travail ouvre droit au profit de la salariée à des dommages et intérêts en sus des autres indemnités de licenciement[93].

### § 3 - Les absences décidées par le travailleur

Il existe des absences relatives à l'exercice d'un mandat politique et syndical (A) et les absences relatives à la survenance d'une grève (B).

#### *A -Les absences relatives à l'exercice d'un mandat politique et syndical*

À cet égard, on fait jouer les règles sur les incompatibilités. Cette période d'absence n'est pas comptabilisée comme temps d'ancienneté et n'ouvre pas au maintien de la rémunération.

#### *B - Les absences relatives à la survenance d'une grève*

La grève peut être définie comme "un arrêt collectif et concerté du travail provoqué par le personnel en vue d'obtenir une modification des conditions de travail ou de leur rémunération".

---

[91] Article 114 du Code du travail.
[92] Idem.
[93] Article 115 du Code du travail.

La grève peut être licite ou illicite. Son illicéité peut s'expliquer par l'irrespect de règles de procédure et/ou de règles de fond prévues par le Code du travail. Ces limitations témoignent du souci du législateur de privilégier la concertation et le dialogue à la confrontation.

Si elle est déclenchée dans le respect des règles susmentionnées, la grève ne rompt le contrat de travail, mais le suspend avec perte correspondante de salaire. Dans le cas contraire, la grève constitue une faute pour ceux qui y prennent part.

# Chapitre 6- Le licenciement

Au sens de la Convention n° 158 de l'OIT, non ratifiée par la République de Djibouti, le terme de licenciement signifie la "cessation de la relation de travail à l'initiative de l'employeur". En considération de son champ circonscrit à la rupture du contrat de travail à durée indéterminée du fait de l'employeur, le licenciement se distingue ainsi des autres modes de cessation des relations de travail tels que la démission, la force majeure, le décès du travailleur, etc.

Le droit du licenciement a connu d'importantes évolutions en République de Djibouti du fait des politiques de libéralisation du marché du travail engagées à la fin des années 90; celles-ci se traduisant essentiellement par une simplification des procédures de licenciement et un plafonnement des indemnités dues en cas de licenciement prononcé en violation de la loi. Officiellement, il s'est agi de rompre avec la philosophie législative, dérivée du Code du travail de 1952 et orientée vers l'objectif de stabilisation ou de sécurisation de l'emploi. *Grosso modo*, cet objectif se caractérisait d'une part par une importante implication de l'Administration dans le contentieux des licenciements, notamment économiques, et d'autre part par une "judiciarisation" de la fixation du montant des dommages et intérêts dus en cas de licenciement illégal.

Si la réforme libérale du marché du travail engagé en 1997 et reprise en fin de compte par le Code du travail de 2006, a permis d'assouplir les conditions ainsi que les conséquences financières du licenciement, elle continue, toutefois, d'assujettir le prononcé de licenciement à des contraintes normatives: lorsque l'employeur décide de licencier pour des raisons personnelles ou économiques, une grande règle de fond (l'exigence d'une cause réelle et sérieuse que l'on examinera à travers la typologie de licenciement) (Section 1) et des règles de procédure

(Section 2) visant à encadrer sa décision existent encore. Par ailleurs, la loi continue à organiser les effets des licenciements licites et prévoit les sanctions attachées aux licenciements illicites (Section 3).

## Section 1 - Les types de licenciement

Le licenciement est la forme la plus douloureuse et aussi celle qui représente le plus de risque de contentieux. Il convient donc de la manier avec précaution et diligence.

Le licenciement peut intervenir soit pour motif personnel (§1) soit pour motif économique (§2). Pour être valable, la cause du licenciement (personnel ou économique) doit être à la fois : réelle, c'est-à-dire reposer sur des faits objectifs, vérifiables et non sur une impression ou sur un jugement subjectif ; sérieuse, c'est-à-dire suffisamment grave pour rendre inévitable le licenciement. Parallèlement à ces deux types de licenciements, le licenciement peut intervenir sur la base d'une solution d'accord négocié (§ 3).

### § 1 - Le licenciement pour motif personnel

Il inclut les situations d'inaptitude à tenir l'emploi pour des raisons de conduite fautive, d'insuffisance professionnelle et de santé[94].

#### La faute professionnelle

La faute correspond à un manquement à une obligation de faire ou de ne pas faire. Elle correspond pour le travailleur au non-respect du code de discipline de l'entreprise, dans tout ce que celui-ci impose de faire ou de ne pas faire pour la bonne marche de l'entreprise.

---

[94] Article 48-3 du Code du travail.

Il revient, en effet, à l'employeur de déterminer s'il y a faute et si celle-ci mérite une indulgence, une sanction légère ou une sanction lourde. En d'autres termes, l'employeur qui se décide de prononcer un licenciement doit procéder à une bonne qualification des faits. En cela, seuls les faits de l'espèce peuvent utilement renseigner sur la nature de la faute elle-même. Une erreur d'appréciation qui aboutit à une mauvaise qualification des faits peut avoir des conséquences graves : le juge peut déclarer le licenciement illégal et attribuer des dommages et intérêts au travailleur licencié[95].

Par ailleurs, il convient de préciser d'une part que la faute doit être, en toutes hypothèses, commise dans l'exercice ou à l'occasion de l'exercice de l'activité professionnelle, et d'autre part que ladite faute peut entraîner le licenciement sans qu'il soit besoin qu'elle ait causé un préjudice à l'employeur.

Enfin, il convient de distinguer plusieurs degrés de faute (faute simple, faute simple répétitive, faute lourde), chacune ayant une incidence sur le versement des indemnités. Mais c'est au juge qu'il appartient de faire un contrôle a posteriori en qualifiant la faute, eu égard aux circonstances de l'espèce, de l'ancienneté de service, de la nature des fonctions occupées ou du passé du salarié, de l'existence des sanctions antérieures pour un même motif[96].

---

[95] Arrêt n° 190/C/AG/11 du 30 novembre 2011 de la Cour suprême de Djibouti, Ali Ahmed Kamil/Société Massida Logistics (inédit) : dans cette décision, La Cour a invalidé le licenciement prononcé suite à une contrariété de motifs relevée dans la lettre de licenciement. En effet, dans cette espèce, l'employeur avait mentionné, en même temps, dans la lettre de licenciement « des propos grossiers déplacés à l'égard du Directeur général constitutifs de faute lourde » et son engagement à régler au salarié licencié « toutes ses indemnités de licenciement suivant la législation du travail en République de Djibouti »

[96] Arrêt n° 17/10 du 7 mars 2010 de la Cour d'appel de Djibouti, L'OPS/ Fathia Umbur Boka 5 (inédit): dans cette décision, la Cour d'appel déclare abusif le licenciement prononcé pour faute lourde parce qu'il serait intervenu "sur la base de faits anciens, pour lesquels l'employée a été sanctionnée en son temps".

**L'inaptitude ou l'insuffisance professionnelle**

L'inaptitude par incompétence résulte d'une discordance entre le profil de formation du travailleur recruté et les exigences du poste occupé. En termes simples, on dira que le travailleur est inapte à accomplir le travail qui lui est demandé, car il ne s'y connaît pas, il n'a pas été formé pour….

L'insuffisance professionnelle, en revanche, s'évalue en termes de rendement, d'intensité du travail, de performance réalisée. Un travailleur très compétent peut avoir un mauvais rendement et s'exposer par voie de conséquence à une mesure de licenciement[97].

**L'état de santé**

L'inaptitude pour raison de santé tient à une incapacité absolue ou relative à satisfaire les exigences inhérentes au poste occupé : un asthmatique ne peut tenir un emploi d'opérateur d'une chaîne de froid industrielle, pas plus qu'un sourd-muet ne peut être enseignant dans un établissement scolaire.

Toutefois, il ne peut être procédé au licenciement pour raison de santé qu'au-delà du congé maladie de neuf mois dès lors que l'examen médical de reprise conclut que le salarié à reprendre l'emploi ou tout emploi (incapacité totale ou définitive). En revanche, si l'examen médical de reprise conclut que le salarié est inapte à reprendre son emploi dans les conditions antérieures au congé maladie, sans que son incapacité de travail soit entière, l'employeur est tenu de procéder au

[97] Toutefois, l'insuffisance professionnelle invoquée doit reposer sur des faits objectifs et vérifiables ou un élément de preuve établissent d'éventuels manquements du salarié à ses obligations contractuelles. C'est ainsi que la Cour suprême a déclaré abusif le licenciement d'un salarié intervenu quelque temps après que ce dernier ait été gratifié d'un poste en raison de ses performances au travail (Arrêt n° 07/S/AG/18 du 20 février 2018 de la Cour suprême de Djibouti, La Banque de dépôt et de crédit/ Ahmed Houssein Ali (inédit)).

classement, c'est-à-dire de lui trouver un poste compatible avec ses nouvelles capacités[98].

## §2-Le licenciement économique

Constitue un licenciement économique, le licenciement prononcé par un employeur pour un ou plusieurs motif (s) non inhérent (s) à la personne du travailleur et résultant d'une suppression ou d'une transformation d'emploi, ou encore d'une modification substantielle du contrat de travail consécutive :

- à des difficultés économiques sérieuses n'ayant pu être surmontées par tout autre moyen (difficultés financières résultant d'un investissement destiné à rattraper ou à surmonter la concurrence, marge brute d'exploitation nettement inférieure aux charges fixes, déclin d'un type de production, baisse de production consécutive à un incendie ou à un grave accident matériel, etc.)[99].

- à la fermeture de l'entreprise ;

- à des changements technologiques donnant lieu à des gains de productivité et donc à la suppression des emplois devenus superflus (informatisation de certains services : d'excellents dactylos n'arrivent pas à s'accommoder des outils informatiques, l'employeur est conduit à les licencier ; mécanisation rénovatrice de l'outil de production entraînant la disparition de certaines qualifications, et, donc, des licenciements, même si elle se traduit par ailleurs par la création de nouveaux emplois).

---

[98] Article 44 du Code du travail.

[99] Arrêt n° 48/11 de la Cour d'appel de Djibouti Daher Houssein Guirreh/ Société Comad du 24 avril 2011 : dans cette décision, la Cour a validé la mesure de licenciement économique prise à l'encontre du sieur Daher Houssein Guirreh par la Société Comad, laquelle était « confrontée à des difficultés économiques notamment en raison de la baisse des activités enregistrée au Port Autonome Internationale de Djibouti depuis l'ouverture du Port de Doraleh ».

- à une réorganisation interne destinée à sauvegarder la compétitivité de l'entreprise[100].

Si les difficultés économiques doivent être appréciées au regard du secteur d'activité du groupe auquel l'entreprise concernée, la réalité de la suppression ou transformation d'emploi est examinée, elle, au niveau de l'entreprise.

### § 3 - Le licenciement négocié

Il est inconcevable de contraindre à la coexistence deux personnes qui ne souhaitent plus ou ne peuvent plus demeurer dans les liens contractuels. Cela vaut aussi bien dans la vie de couple que dans la vie professionnelle. Ce mode de rupture qui ne rentre pas dans les catégories ci-dessus examinées est souvent qualifié de « troisième voie » entre le licenciement et la démission. Quoi qu'il en soit, il constitue une voie de plus en plus prisée par les parties pour mettre fin aux contrats de travail. Il s'agit de la rupture négociée du contrat de travail, sur fond d'accord des parties.

La loi ne réglemente pas ce mode de rupture. Mais la jurisprudence exige que la formalisation de l'accord à la base de la rupture intervienne par-devant l'inspecteur du travail. Une fois saisi et le consentement des deux parties obtenu, l'inspecteur consigne, sur un procès-verbal de séparation à l'amiable, les termes de l'accord conclu, déterminant avec précision les conditions et les modalités de rupture[101].

Un accord de rupture amiable ne doit pas avoir pour objet de mettre fin au litige. En effet, il s'agit d'une transaction et les conditions de

---

[100]Article 48-4 du Code du travail.

[101] V. dans ce sens, arrêt n ° 51/BIS/C/AG du 20 octobre 1996 de la Cour suprême de Djibouti, Ali Ahmed Ighale/ Inchcape Shipping Services (inédit).

validité de cette transaction doivent être respectées, à savoir : concessions réciproques, consentement non vicié, nécessité d'un écrit.

## Section 2 - La procédure de licenciement

La procédure de licenciement varie selon qu'il s'agit de licenciement pour motif personnel (§ 1) et de licenciement pour motif économique (§ 2).

### § 1 - Concernant le licenciement pour motif personnel

#### La notification du licenciement

Si l'on se limite aux dispositions du Code du travail traitant du licenciement, le salarié dont le licenciement est envisagé n'a droit à aucune information préalable et ne dispose d'aucun moyen lui permettant de présenter, a priori, des explications de son employeur. Bien au contraire, la décision de licenciement lui est directement notifiée[102]. Bien que la loi ne le précise, la notification du licenciement peut être faite soit par lettre recommandée avec accusé de réception soit par courrier remis en main propre contre reçu.

Cette formalité de notification vise principalement deux fonctions. D'abord, elle permet d'identifier le (s) motif (s)[103] et l'auteur de la rupture. Ensuite, elle permet de fixer la date de cessation du contrat.

La lettre de licenciement comporte : l'indication du ou des motifs de la rupture ; le nom ou la raison sociale de l'entreprise; le numéro d'immatriculation à la Caisse Nationale de Sécurité Sociale (CNSS) et

---

[102] Article 49 du Code du travail

[103] Les motifs du licenciement doivent être énoncés avec beaucoup de précision. En cas de litige, l'employeur ne pourra pas en indiquer de nouveaux (Jugement n° 70/19 du Tribunal du travail de Djibouti Djamal Daoud Ahmed/ Société Silk Road et Merchant Fzeco du 18 mars 2019).

l'adresse de l'employeur; les noms, prénoms, numéro d'affiliation à la CNSS, la date d'embauche et la qualification professionnelle du salarié licencié.

**- Information de l'Inspecteur du travail et des lois sociales**

Dans le même temps où il notifie le licenciement au salarié, l'employeur informe l'Inspecteur du travail et des lois sociales. Cette information écrite comporte les mêmes indications que celles contenues dans la lettre de licenciement.

### § 2 - Concernant le licenciement économique

L'employeur qui envisage un licenciement économique a l'obligation d'informer l'Inspection du travail des circonstances qui motivent son intention. Il adresse à celle-ci un dossier comportant : les effectifs de l'entreprise au cours des douze derniers mois, les raisons économiques ou techniques précises du ou des licenciements, le nombre de salariés concernés par la mesure, leurs qualifications professionnelles et la période au cours de laquelle les licenciements pourraient être notifiés. Les délégués du personnel reçoivent également ampliation des informations précitées portées à l'attention de l'Inspection du travail[104].

Ces formalités ouvrent un délai de négociation entre l'employeur et les représentants du personnel qui doivent être reçus pour présenter des propositions tendant à éviter les licenciements, en diminuer le nombre ou à en atténuer les effets pour les salariés concernés. Ce délai est de : huit jours lorsque le licenciement concerne moins de dix salariés ; vingt un jours lorsqu'il concerne plus de dix salariés[105].

À l'expiration de ces délais, si aucune solution alternative n'a été retenue, l'employeur prononce le licenciement des salariés concernés

---

[104] Article 50 du Code du travail.
[105] Article 51 du Code du travail.

par lettre individuelle avec les mentions visées à l'article 49 du Code du travail, à savoir l'indication du motif licenciement; le nom ou la raison sociale de l'entreprise; le numéro d'immatriculation à la sécurité sociale de l'employeur; le nom, prénom, numéro d'immatriculation à la sécurité sociale ainsi que la qualification du travailleur licencié[106].

### Section 3- Les conséquences du licenciement

Les conséquences du licenciement varient selon que les parties ont (§1) ou n'ont pas observé (§2) les règles relatives au licenciement.

#### §1-Les suites du licenciement licite

L'acte juridique de licenciement est accompli avec la notification de la lettre de licenciement. Le salarié a alors droit d'une part à un préavis qui correspond au laps de temps qui s'écoule entre la notification du congédiement et la cessation des effets du contrat (A) et d'autre part à une indemnité de licenciement (B) sauf si le licenciement a été justifié par une faute lourde. Par ailleurs l'employeur est tenu de délivrer divers documents au salarié (C).

##### *A-Le préavis*

Le salarié licencié bénéficie d'un préavis de licenciement, ce qui lui permet d'obtenir un salaire durant l'exécution de ce préavis. En revanche, la faute lourde prive le salarié de préavis[107].

La durée du préavis du licenciement varie selon la catégorie professionnelle du salarié :

---

[106] Article 52 du Code du travail.

[107] L'employeur, peut, en revanche, par un geste gracieux accorder l'indemnité de préavis alors que la faute lourde est établie (Tribunal Djibouti du 4 décembre 1968, TPOM, 1969, n° 281, p. 6216).

- quinze jours pour les travailleurs payés à l'heure;
-un mois pour les employés, ouvriers et manœuvres;
-trois mois pour les agents de maîtrise, cadres et assimilés[108].

Pendant toute la durée du délai de préavis, le contrat de travail continue à s'appliquer pleinement, avec tous ses effets obligatoires pour l'employeur comme pour le salarié. Toutefois, une partie du temps, c'est-à-dire un jour de liberté par semaine pris au choix du salarié mais après information de l'employeur, est consacrée pour la recherche d'un autre emploi[109]. Si ces recherches s'avèrent fructueuses, le salarié pourra quitter son emploi avant le terme du délai de préavis sans pour autant avoir à payer une quelconque indemnité pour départ prématuré[110].

Enfin, l'employeur peut dispenser le salarié de travailler pendant son préavis. Cette dispense conduit au versement d'une indemnité compensatrice égale à la rémunération qu'aurait touchée le salarié s'il avait effectué le préavis[111].

### *B-L'indemnité de licenciement*

L'institution de cette indemnité a pour but de ne pas laisser le travailleur démuni de ressources du jour au lendemain, après avoir servi pendant plusieurs années, dans la même entreprise.

L'indemnité de licenciement n'est due que si le licenciement n'est pas la conséquence d'un fait du travailleur. Elle n'est pas due en cas de faute lourde du travailleur.

---

[108] Article 56 du Code du travail.
[109] Article 57-2 du Code du travail.
[110] Article 57-3 du Code du travail.
[111] Article 57-4 du Code du travail.

Il existe deux façons de calculer l'indemnité de licenciement: le mode réglementaire et le mode conventionnel.

Le mode règlementaire est issu de l'arrêté n° 66/24/SPCG du 29 mars 1966 règlementant les conditions générales d'emploi des travailleurs du commerce, du bâtiment et des ateliers de la CFS modifié par les arrêtés n° 1944/SG/CG du 26 décembre 1968, 72- 329/SG/CG du 1er mars 1972, 74-339/DG/SG du 20 février 1974, 80-1062/PR/TP du 22 juillet 1980. Ce texte ne se présente pas comme une règle subsidiaire applicable en l'absence d'alternative conventionnelle ou contractuelle. Ce défaut de précision n'empêche pas, pourtant, les juges d'étendre l'application de ce texte[112], en accordant l'indemnité de licenciement à des travailleurs licenciés sans couverture conventionnelle.

L'indemnité de licenciement est égale, pour chaque année de présence dans l'entreprise, à un pourcentage du salaire global mensuel moyen des douze derniers mois d'activité effectivement perçu et précédant le licenciement. Les taux applicables sont fixés ainsi qu'il suit: de la 1ère à la 5ème année : 20 % ; de la 6ème à la 10ème année : 30 % ; au-delà de la dixième année : 40 %. Le montant de cette indemnité ne saura toutefois excéder douze fois le salaire mensuel global moyen déterminé préalablement au calcul. Dans le décompte effectué sur les bases indiquées ci-dessus, il doit être tenu compte des fractions d'années. Le mode de calcul règlementaire de l'indemnité de licenciement s'applique à toutes les branches d'activités n'ayant pas de convention collective[113].

Le mode conventionnel est issu des conventions collectives. La plupart de celles-ci ont amélioré le système règlementaire de calcul de l'indemnité de licenciement. L'on se référera aux dispositions de la

[112] Pourtant abrogé par l'arrêté n° 96-0632/PR/MT du 26 septembre 1996 portant diverses mesures sociales.

[113] Sur l'application de l'arrêté susvisé, voir arrêt n° 65/C/AG du 16 juin 1991, V. Cour suprême de Djibouti, Kassim Mohamed Kassim/ Société Pountland Contracting (inédit); arrêt n° 76/12 du 25 novembre 2012, Cour d'appel de Djibouti, Mohamed Salah et Hamza Abdouljabar / Yemen General Construction (inédit).

convention collective en vigueur dans la branche d'activité concernée en tant que de besoin. Par exemple, la convention collective des employés de banque du 16 mars 2011 fixe les taux applicables comme suit : de la 1ère année à la 5ème année : 30 % ; de la 6ème année à la 10ème année : 40 % ; au-delà de la 10ème année : 50 %.

### *C-Les documents sociaux à remettre au salarié*

À l'expiration du contrat de travail, quel que soit le motif mettant fin au contrat, l'employeur doit remettre au travailleur, au moment du départ :

- un certificat de travail, sans que le travailleur ait à le réclamer et même s'il y a eu faute lourde lui incombant. Le certificat doit comporter exclusivement les mentions suivantes : la date d'entrée du travailleur dans l'entreprise ; la date de sortie qui sera celle de la fin du contrat, que le préavis ait été exécuté ou non exécuté ; la nature de l'emploi ou des emplois successivement occupés avec indication des périodes correspondantes et la catégorie professionnelle si elle est prévue par une convention collective, ou un texte réglementaire.

Si l'employeur refuse au travailleur le certificat de travail[114] ou y adjoint des renseignements tendancieux, diffamatoires ou erronés, le salarié peut demander des dommages et intérêts au juge s'il a subi un préjudice.

-Un reçu pour solde de tout compte qui est un document récapitulant les sommes versées par l'employeur. Lors du règlement du salaire et des diverses indemnités dues en cas de rupture du contrat de travail, une pratique patronale courante exige du travailleur mal informé la

---

[114] Toutefois, le travailleur doit en faire la demande et exprimer son souhait d'obtenir ledit certificat (arrêt n° 37/C/AG/2008 du 20 avril 2008 de la Cour suprême de Djibouti, Kadir Mohamed Robleh / La société Inchcape Shipping Services (inédit)).

signature immédiate d'un reçu pour solde de tout compte qui équivaut à une renonciation définitive à toutes contestations ultérieures.

Pour corriger ces situations préjudiciables pour les travailleurs, le législateur a dû intervenir. Selon les dispositions de l'article 150 du Code du travail, " n'est pas opposable au travailleur la mention " pour solde de tout compte" ou toute autre mention équivalente souscrite par lui, soit au cours de l'exécution, soit après résiliation de son contrat de travail, et par laquelle le travailleur renonce à tout ou partie des droits qu'il tient de son contrat de travail".

## §2- Les sanctions du licenciement illicite

Le vocabulaire juridique résultant de la lecture des dispositions du Code du travail consacrées au licenciement permet de distinguer deux types d'illicéité. Le licenciement irrégulier est celui qui n'est pas conforme aux règles de procédure mentionnées à l'article 55 (A). Le licenciement injustifié est celui qui est dénué de cause réelle et sérieuse (B).

### *A-Le licenciement irrégulier*

En cas de non-respect de la notification écrite de la rupture et/ou de l'indication du motif, le salarié, quels que soient son ancienneté et l'effectif de son entreprise, se verra allouer une indemnité qui ne pourra être inférieure à un mois de salaire si le licenciement notifié a une cause réelle et sérieuse[115].

En revanche, si le licenciement est concomitamment irrégulier en la forme et insuffisamment justifié, seul le défaut de cause réelle et sérieuse est sanctionné. Le juge doit donc d'abord vérifier les motifs avancés pour justifier le licenciement et c'est seulement si ces motifs

[115] Article 55 dernier alinéa du Code du travail.

apparaissent comme réels et sérieux qu'il sanctionne d'éventuelles irrégularités procédurales[116].

Toutefois, un examen de la jurisprudence fait ressortir une propension des juges du fond à assimiler les violations des règles de procédure à du licenciement abusif sans se préoccuper de l'exigence de l'article 48 du Code du travail qui ne retient le caractère abusif du licenciement qu'en l'absence de cause réelle et sérieuse[117].

### *B-Le licenciement injustifié*

Si le juge estime que le licenciement prononcé est dénué d'une cause réelle et sérieuse, il peut condamner l'employeur à verser au salarié des dommages et intérêts qui peuvent se cumuler avec les indemnités susvisées (indemnité de licenciement, indemnité de préavis). Il s'agit là d'une indemnité allouée pour réparer le préjudice causé par un licenciement qui ne repose pas sur un motif réel et sérieux. Elle est calculée par le juge en fonction d'un indice unique : le nombre de salariés présents dans l'entreprise.

L'article 55 du Code du travail prévoit, en ce sens, que les dommages et intérêts alloués en cas de licenciement sans motif réel et sérieux ne peuvent dépasser : 2 mois de salaire pour les salariés dans une entreprise d'une taille inférieure à 11 salariés; 4 mois de salaire pour des salariés occupés dans une entreprise de 11 à 49 salariés; 6 mois de salaire pour des salariés occupés dans une entreprise de plus de 49 salariés.

---

[116] V. dans ce sens, arrêt n° 42/12 du 15 avril 2012 de la Cour d'appel de Djibouti, société GTS/ Abdo Saleh Mohamed (inédit) ;

[117] V. dans ce sens, arrêt n° 132/C/AG du 26 juin 2011 de la Cour suprême de Djibouti, Chemin de fer Djibouto-éthiopien/ Hassan Youssouf Robleh (inédit); Jugement n° 70/19 du Tribunal du travail de Djibouti Djamal Daoud Ahmed/ Société Silk Road et Merchant Fzeco du 18 mars 2019.

Les cours et les tribunaux sont tenus de ne pas dépasser ces plafonds respectifs. Cela implique que le montant des dommages et intérêts peut même être inférieur à ces plafonds. On note néanmoins dans la pratique une tendance jurisprudentielle à "coller" ledit montant aux plafonds fixés par la loi[118].

En conclusion, on perçoit ici l'ampleur de la réforme libérable amorcée en 1997 et confirmée par le Code du travail de 2006 qui a considérablement diminué le coût du licenciement illicite. Au fond, pour reprendre le vocable de certains économistes, la violation du contrat peut être efficace. Et le licenciement illicite est un investissement qui s'amortit aujourd'hui assez rapidement[119].

---

[118] V. dans ce sens, jugement n° 006/2006 du 24 janvier 2006 du Tribunal du travail de Djibouti, Nouho Ahmed Nouho/ Commercial Bank of Ethiopia ; Arrêt n° 75/12 du 25 novembre 2012 de la Cour d'Appel de Djibouti, Sogik/ Houssein Amoud Arsan ; Arrêt n° 55/C/AG/06 du 24 avril 2006 de la Cour suprême de Djibouti, Yacin Abdallah Ragueh/Wagdi Houssein Ali Kassim.

[119] Sous le code du travail de 1952, le montant des dommages et intérêts était laissé à la discrétion du juge qui devait tenir compte de tous les éléments pouvant en justifier l'existence et en déterminer le préjudice causé, notamment les usages et la nature des services engagés, l'ancienneté des services, l'âge et les droits acquis du travailleur (article 42-b). Dans ce sens, V. arrêt n° 29/C/AG du 17 mars 1996 de la Cour suprême de Djibouti, Hassan Djama Ragueh/ Banque Indosuez-Mer Rouge ; arrêt n° 65/C/AG du 15 décembre 1996 de la Cour suprême de Djibouti, Djama Ahmed Magareh/ Port Autonome International de Djibouti ; arrêt n° 51/BIS/C/AG du 20 octobre 1996 de la Cour suprême de Djibouti, Ali Ahmed Igahle/ Inchcape (inédit).

# Chapitre 7- La démission

La démission est la rupture unilatérale du contrat de travail à durée indéterminée à l'initiative du salarié. Un salarié lié par un CDI est libre de démissionner à tout moment contrairement au salarié en CDD. La faculté de rompre unilatéralement son contrat de travail à durée indéterminée est soutenue par la prohibition des engagements perpétuels mais aussi par la prohibition du travail forcé et de l'esclavage.

Le régime de la démission se réduit à très peu de choses. En effet, si le droit du licenciement occupe plusieurs pages dans le Code du travail, son symétrique apparent, la cessation du CDI à l'initiative du salarié, n'a droit qu'à quatre maigres articles : 47, 56, 57, 58, les trois derniers articles traitant du préavis sont communément applicables à la démission et au licenciement. Une telle situation ne constitue pas une nouveauté juridique puisque le Code de 1952 était lui aussi peu bavard au sujet de la démission.

Par rapport au licenciement, la démission présente juridiquement quelques avantages pour le salarié mais aussi de nombreux inconvénients. Ainsi, le salarié n'a aucun motif à invoquer, aucune procédure longue ou complexe, sinon une volonté qui peut être exprimée sous la forme qu'il souhaite. L'employeur ne peut pas s'opposer à une démission, même si elle intervient à une période cruciale pour lui. En revanche, auteur de la rupture, il doit un préavis à l'entreprise et ne touche à l'évidence aucune indemnité de licenciement puisque celle-ci n'est due qu'en cas de licenciement comme son nom l'indique.

Quoi qu'il en soit, il ressort de l'article 47 du Code du travail et surtout de la jurisprudence qu'un acte de rupture ne peut être qualifié de démission que s'il répond à certaines conditions (Section 1). Le régime de la démission est, quant à lui, très succinct (Section 2).

## Section 1-La qualification de démission

La démission se traduit par un acte unilatéral (le congé) destiné à informer l'employeur de la rupture du contrat de travail. De cet acte, la forme et surtout la preuve ont, parfois suscité des difficultés. Face aux carences de la loi, la jurisprudence a très tôt exigé, pour qu'il y ait démission, que le salarié exprime une volonté sérieuse et non équivoque de rompre la relation de travail[120]. Elle est très suspecte lorsque la démission évoquée résulte de l'attitude de l'employeur, qui peut être gravement fautive ou manifeste une volonté de provoquer la démission du salarié. En matière de preuve, la démission ne se présume pas (§2). Selon une formule jurisprudentielle classique, elle doit résulter de la volonté sérieuse et non équivoque du salarié (§1).

### §1-Une volonté sérieuse et non équivoque.

À partir du moment où l'employeur considère le salarié comme démissionnaire, la première mission des juges du fond consistera à vérifier si ce dernier a ou non manifesté une volonté sérieuse de démissionner.

Il est certains propos ou certains comportements du salarié qui ne sauraient être considérés comme traduisant une volonté sérieuse de rupture. Il en est ainsi des démissions irréfléchies, formulées sous le coup de la colère ou de l'émotion, les ruptures conventionnelles maquillées ou les démissions contraintes, échos le plus souvent d'une pression exercée par l'employeur sur le travailleur. Dans pareils cas, la rupture est souvent requalifiée par les juges en licenciement sans cause réelle et sérieuse.

Par ailleurs, la jurisprudence exige de la part du salarié une volonté sans équivoque de démissionner. Ainsi, la qualification de la démission peut être rejetée, même en présence d'un écrit provenant du

[120] Tribunal du travail Djibouti du 10 mai 1968, TFAI : TPOM n° 274 p. 3840.

salarié si son contenu présente des ambigüités. Alors que la loi a soumis la décision de licenciement à un formalisme strict (notification écrite), la démission peut être formulée aussi bien oralement que par écrit. Peu importe qu'elle soit motivée ou pas dès lors que la volonté du salarié de rompre le contrat de travail est non équivoque. Une lettre manuscrite datée et signée du salarié remise à l'employeur témoigne de cette volonté si elle ne fait l'objet de rétractation dans les jours qui suivent[121]. En revanche, un départ précipité consécutif à un incident ne montre que le salarié ait voulu réellement démissionner. Mais si aucune nouvelle ne parvient pas à l'employeur durant les semaines qui suivent, le comportement du salarié induit une volonté non équivoque de ne plus travailler.

### §2-La preuve de la démission

L'idée selon laquelle la démission ne se présume pas laisserait à penser que c'est toujours l'employeur qu'il appartient d'en rapporter la preuve. La jurisprudence ne le confirme pas. Le plus souvent, c'est le salarié, qui après avoir quitté l'entreprise, sollicite les indemnités dues en cas de licenciement ; il doit alors démontrer que la rupture du contrat est du fait de l'employeur.

Il en résulte que les juges sont attentives à ce que, l'employeur qui cherche à éluder les conséquences financières du licenciement, ne suscite, de par son attitude, la démission du salarié. C'est ainsi que les manquements par l'employeur aux obligations essentielles relatives à l'exécution du contrat de travail peut conduire le salarié à quitter son emploi. Si l'initiative lui revient apparemment, l'imputabilité pèsera sur l'employeur, et le droit du licenciement va donc s'appliquer. Il en est ainsi en cas de non-versement répété de tout ou partie de la rémunération, de refus opposé à plusieurs demandes de congés payés.

[121] Arrêt n° 591/C/AG du 16 juin 1991 de la Cour suprême de Djibouti, Mahamoud Daoud Ali/Direction de l'évêché de Djibouti (inédit).

Le salarié démissionnaire est donc recevable à attribuer la responsabilité de la rupture du contrat à son employeur dans la mesure où les manquements de celui-ci ont rendu difficile la poursuite de l'exécution du contrat de travail. Ainsi, s'il y parvient, sa démission sera requalifiée par les juges en licenciement.

## Section 2-Le régime de la démission

La loi n'exige aucune forme particulière pour que la démission soit valablement présentée (§1). En revanche, elle oblige le salarié démissionnaire à respecter un préavis (§2).

### §1-La forme de la démission

À la différence du licenciement, la démission n'est pas obligatoirement soumise par le Code du travail à un formalisme strict (notification écrite) ou à une motivation/justification (de la décision de rompre le contrat de travail). Elle peut donc être écrite ou verbale, sans témoin direct autre que la personne à qui elle est destinée et sans explication.

Toutefois, certaines conventions collectives imposent le respect d'un formalisme. Le salarié doit alors démissionner par voie de notification écrite[122].

Pour éviter toute interprétation à géométrie variable et d'éventuel litige, l'employeur qui reçoit d'un salarié une notification de démission par déclaration verbale ou par courriel a intérêt à lui

---

[122] Par exemple, l'article 11-1 de la Convention d'Établissement des travailleurs civils recrutés par les Forces françaises stationnées à Djibouti du 28 juillet 2010 dispose que « la rupture du contrat de travail peut intervenir à l'initiative de l'employeur (licenciement) ou de l'employé (démission). Elle doit être notifiée par écrit de telle manière qu'il ne puisse y avoir de contestation sur la date de départ du préavis ».

réclamer par courrier la confirmation écrite avec signature. À défaut, pour se protéger, l'employeur devra considérer le salarié comme non démissionnaire ou obtenir sous forme de sommation d'huissier, une déclaration de sa part consignée par acte officiel.

### §2-Le respect d'un délai de préavis

Le salarié démissionnaire doit respecter un délai de préavis, lequel est fixé par l'article 56 du Code du travail.

Pendant ledit délai, le salarié va continuer à exécuter son contrat de travail dans les conditions ordinaires antérieures à la démission. Si le salarié démissionne brutalement sans respecter ce délai de préavis, il doit à l'employeur une indemnité égale à la rémunération et aux avantages de toute nature qu'il aurait perçus durant le préavis qui n'a pas été effectivement respecté.

Le salarié qui démissionne est tenu, aux termes du préavis, de restituer à l'entreprise les biens et/ou le matériel qui ont été mis à sa disposition (véhicule de fonctions, logement de fonctions, ordinateur, clés, etc.). La non-restitution par le salarié pourrait l'exposer à des poursuites judiciaires et à une condamnation.

# Chapitre 8- La modification du contrat de travail

Dans les contrats à exécution successive, les droits et obligations des parties sont amenés à évoluer avec le temps et subir certaines modifications. Cette évidence est plus prégnante en droit du travail. Progressiste par vocation, le droit du travail est, en effet, évolutif par nature et aucune de ses sources n'échappe à cette nécessité de changement. Ainsi, les transformations de l'organisation productive, les restructurations, les exigences d'adaptabilité, peuvent exposer les salariés à de nombreuses modifications affectant le contenu de leur contrat de travail. D'où une question : quels sont les éléments du contrat qui peuvent être changés de manière unilatérale par l'employeur ? La réponse réside dans la distinction entre modifications dites substantielles et les modifications non substantielles, distinction introduite par le Code du travail de 2006 et ignorée par celui de 1952.

La mise en œuvre de cette distinction suppose de déterminer les éléments susceptibles d'être concernés par la modification et ceux qui en sont exclus (Section 1). L'enjeu est de taille : celui de déterminer les conséquences d'un refus, par le salarié d'une modification du contrat de travail (Section 2).

## Section 1-Le domaine de la modification du contrat de travail

La modification du contrat de travail touche les éléments substantiels du contrat de travail. En l'absence de définition légale de ces éléments, les juges ont quelque peu réussi à tracer la frontière entre modifications non substantielles (§1) et modifications non substantielles (§2).

### §1- Les modifications non substantielles

Les modifications non substantielles sont celles qui sont considérées comme suffisamment peu importantes et qui peuvent, de ce fait, être imposées par l'employeur de façon unilatérale. Ainsi, le salarié est tenu de les accepter sinon il commet une faute susceptible d'être sanctionnée. Il est considéré par la jurisprudence que ces modifications sont inhérentes au pouvoir de direction de l'employeur. Ce qui fait que l'accord du salarié n'est pas requis en la matière. Il faut dire, enfin, que le refus du salarié n'entraîne pas, à lui seul, la rupture du contrat mais constitue une faute professionnelle que l'employeur peut sanctionner, au besoin par le licenciement.

### §2-Les modifications substantielles

Les modifications substantielles sont, à l'inverse, celles qui sont considérées comme étant suffisamment importantes pour nécessiter l'accord du salarié. Ici, c'est la solution en vigueur dans le droit commun qui est retenue et qui consiste à refuser à une partie la faculté de modifier unilatéralement le contrat au cours de son exécution.

Cependant, que faudrait-il entendre par modification substantielle ? Comme indiqué ci-dessus, il n'existe pas de définition légale de la notion. Mais il faut noter, toutefois, que les juges procèdent à une appréciation au cas par cas. Quelques exemples tirés de la jurisprudence djiboutienne permettent d'éclairer ce point. Ainsi, sont ou ont été considérées comme modifications substantielles : la diminution de la rémunération du salarié (dans sa partie contractuelle)[123], et l'affectation d'un salarié dans un emploi inférieur[124].

---

[123] Arrêt n° 39/C/AG/2008 du 20 avril 2008 de la Cour suprême de Djibouti, Mahboub Rasolonjatovo/L'État français.

[124] Tribunal de Djibouti, 9 août 1968, TPOM, n° 272 p. 6014.

Il faut préciser, enfin, que pour des raisons tenant à l'incapacité physique ou mentale du travailleur, l'employeur peut, sur la base de l'article 44 du Code du travail, proposer à un salarié une modification substantielle de son employeur, emportant réduction de certains avantages[125].

## Section 2- Les conséquences de la modification

La modification d'un élément substantiel du contrat de travail ne peut être imposée par l'employeur. Elle ne peut qu'être proposée au salarié. Ce dernier peut ainsi refuser la modification. Dans cette hypothèse, l'employeur a deux possibilités :
-il peut renoncer à la modification et ainsi faire poursuivre le contrat de travail dans ses conditions initiales ;
-il peut persister dans son intention de modifier le contrat. En ce cas, si le salarié refuse la modification, l'employeur peut le licencier. Mais ce licenciement sera imputable à l'employeur qui sera tenu de respecter toutes les règles relatives au droit du licenciement.

---

[125] Pour encadrer les pouvoirs de l'employeur, certaines conventions collectives ont prévu l'obligation de se concerter avec les délégués du personnel et l'intangibilité de la rémunération. C'est ainsi que la convention collective des employés de banque impose à l'employeur de rechercher avec les délégués du personnel un emploi compatible avec les nouvelles capacités du salarié diminué suite à un accident du travail, une maladie professionnelle, un accident ou une maladie non professionnelle. Par ailleurs, l'affectation de l'intéressé à un nouvel emploi n'entraînera en aucun cas une révision de son salaire excepté éventuellement les primes, indemnités et avantages liés à l'ancienne fonction (V. par ex. l'article 33 de la convention collective des banques).

# Chapitre 9- Le pouvoir disciplinaire de l'employeur

Le pouvoir disciplinaire de l'employeur trouve sa source dans le contrat de travail lui-même. Il découle du lien de subordination caractérisé par l'exécution d'un travail sous l'autorité de l'employeur qui a le pouvoir de donner des ordres et des directives, d'en contrôler l'exécution et de sanctionner les manquements de son subordonné. Cependant, force est de constater qu'aucun texte ne le réglemente malgré son emploi courant par les chefs d'entreprise ou d'établissement. Ce vide juridique n'est pas une nouveauté puisque le Code de 1952 ne contenait aucune disposition dans ce sens. Ainsi, la réglementation étatique, en particulier le Code du travail apporte une contribution bien mince quant à la délimitation des contours du pouvoir disciplinaire. Ce dernier renvoie aux règlements intérieurs pour traiter des questions relatives à la discipline[126]. Énumérant couramment les actes interdits, les règlements intérieurs constituent une source souvent infinie en matière de discipline.

Toutefois, un constat général doit être fait au niveau national : beaucoup d'entreprises ou d'établissements ne sont pas dotés de règlements intérieurs[127]. Les seules sources restent donc très souvent le contrat de travail, les notes de service et les instructions patronales.
Au regard de ce constat, l'on est tenté de se poser la question centrale suivante : comment s'exerce le pouvoir disciplinaire à l'égard de ses salariés ? Cette question entraîne certaines autres à savoir : ce pouvoir est-il sans limites ? Mieux, quels moyens disposent les salariés pour contester les sanctions disciplinaires prises à leur encontre ? Une telle problématique conduit à nous interroger sur l'étendue du pouvoir disciplinaire de l'employeur à l'égard de son personnel (Section 1)

---

[126] Article 271-2 du Code du travail.

[127] On relève dans les faits des établissements ou entreprises non dotés de règlements intérieurs alors qu'ils atteignent le seuil d'effectif pour l'obligation de mise en place du règlement intérieur fixé par l'article 271-1 du Code du travail.

avant d'envisager le contrôle judiciaire éventuel de ce pouvoir (Section 2).

## Section 1-L'étendue du pouvoir disciplinaire de l'employeur

Comme affirmé précédemment, il n'existe donc d'énumération exhaustive des faits punissables dans le Code du travail. Une telle énumération se révèle d'ailleurs irréalisable ; la preuve en est que l'article 59 qui énumère une série de faits constitutifs de faute lourde admet la possibilité d'intégrer des cas de faute lourde dans le règlement intérieur en plus de ceux qu'il liste. De manière générale, l'on reconnaît donc à l'employeur un large pouvoir aussi bien dans la définition de la faute disciplinaire (§1) que dans le choix des sanctions (§2).

### §1-La faute disciplinaire

La définition de la faute disciplinaire est, pour une large part, abandonnée à l'employeur. À défaut de critère légal, elle consistera *in fine* dans la désobéissance à toute prescription ou injonction émanant du chef d'entreprise ou d'établissement dont l'opportunité économique ou technique est souverainement appréciée par lui.

Il existe, toutefois, quelques limites apportées à ce large pouvoir d'incrimination de l'employeur. Tour d'abord, la désobéissance du salarié doit se manifester par un acte positif ou une abstention de nature volontaire ; il ne saurait donc être question d'infliger une sanction disciplinaire à titre préventif. De plus, la grève et le droit de retrait, à condition qu'ils soient exercés régulièrement, sont des désobéissances non seulement licites, mais protégés. Enfin, le comportement du salarié en dehors des heures et lieux de travail ne saurait en principe lui être reproché par l'employeur. Le pouvoir disciplinaire de celui-ci ne s'étend pas au-delà de la vie professionnelle du salarié et ne l'autorise donc à sévir que si le fait répréhensible est commis par ce dernier alors qu'il se trouve sous sa subordination.

Maître de l'incrimination des faits répréhensibles, l'employeur dispose également d'un pouvoir étendu dans la détermination ou le choix des sanctions.

## §2-Les sanctions

À l'instar de la faute, l'éventail des sanctions que l'employeur est autorisé à retenir est très large. Tout d'abord, il peut se contenter de prononcer des sanctions morales qui vont de l'avertissement, éventuellement de la réprimande au blâme (à propos duquel il est parfois précisé qu'il figurera dans le dossier). De telles sanctions jouent un rôle de mise en garde à l'égard du salarié dont la défaillance est occasionnelle ou excusable. Leur répétition aboutit parfois, en application du règlement intérieur à la prise de sanctions plus sévères.

Ensuite, l'employeur est en droit d'infliger au salarié une mutation, une rétrogradation ou encore un simple retard dans le cours normal de sa carrière en différant une mesure d'avancement. Le refus opposé par l'intéressé à cette modification du contrat de travail aboutit souvent un licenciement.

Enfin, il se peut que le salarié fasse l'objet d'une mise à pied, c'est-à-dire d'une suspension du contrat de travail pour faute. L'intéressé continue à faire partie du personnel de l'entreprise, mais il ne perçoit aucune rémunération pendant la durée d'application de la sanction de la mise à pied. Cette dernière ne peut être infligée pour une durée indéterminée sans constituer en fait une résiliation du contrat de travail, donc un licenciement avec toutes les conséquences qui s'attachent à cette qualification. Il est enfin concevable que l'employeur, en raison de la gravité de la faute commise, décide de licencier le salarié, parfois après une mise à pied préalable destinée à l'écarter des lieux de travail. Il lui appartiendra d'établir que la mesure prise se justifie par une cause réelle et sérieuse que la juridiction compétente, s'il y a lieu, appréciera.

Le prononcé d'une des sanctions susvisées n'est, en principe, précédé d'aucune procédure disciplinaire imposée à l'employeur. Le chef d'entreprise, à la fois juge et partie, n'a aucune obligation légale d'entendre l'intéressé avant de prendre, à son encontre, une décision qui n'a d'ailleurs point un caractère juridictionnel[128]. À supposer qu'il décide de procéder à cette audition, l'employeur est en droit de refuser au travailleur de se faire assister par un délégué du personnel. Le délégué peut demander à être reçu qu'une fois la sanction prononcée pour présenter des observations et en demander la levée[129].

Mais, il convient pour éviter l'arbitraire, d'énoncer clairement quelques limites assignées, notamment par le législateur, à ce pouvoir étendu de l'employeur dans le choix des sanctions. La première limite résulte de l'article 3 du Code du travail qui interdit les sanctions discriminatoires. En revanche, sous réserve du respect de l'article 3 précité, l'employeur n'est pas tenu de sanctionner de la même manière tous les auteurs d'une même faute, certains éléments de la relation, comme l'ancienneté par exemple, pouvant le conduire à plus d'indulgence vis-à-vis des uns que vis-à-vis des autres. La deuxième limite réside dans la solution inspirée de l'adage du droit pénal *non bis in idem*. Il en résulte notamment qu'une même faute ne peut être sanctionnée deux fois.

La troisième limite résulte des termes de l'article 122 du Code du travail qui dispose qu' « il est interdit à l'employeur d'infliger des amendes ». Cette interdiction des amendes ne doit pas être confondue avec les sanctions pécuniaires indirectes. La rétrogradation d'un salarié, par exemple, est une sanction licite, même si les nouvelles

---

[128] Sauf s'il existe un règlement intérieur applicable à l'entreprise et que ce dernier prévoit une procédure disciplinaire contenant entre autres l'audition du salarié.
[129] Article 242-2 du Code du travail.

fonctions sont moins rémunérées que ses fonctions précédentes. Cette réduction du salaire n'est pas une sanction pécuniaire, mais l'effet pécuniaire de la rétrogradation, laquelle est une sanction licite.

## Section 2-Le contrôle judiciaire d'un exercice irrégulier du pouvoir disciplinaire

Le salarié frappé d'une sanction disciplinaire a la faculté, s'il l'estime injustifiée de saisir le juge du travail. C'est ce qui ressort de l'article 162 du Code du travail qui attribue la compétence du juge du travail aux différents individuels pouvant s'élever à l'occasion du contrat de travail entre les travailleurs et leurs employeurs. S'il y a procès, le juge exerce un double contrôle : celui de la justification et de la légalité de la sanction (§1) et celui de la proportionnalité de la sanction (§2)

### §1-Le contrôle de la justification et de la légalité de la sanction

Le juge vérifie d'abord que la sanction est justifiée. L'exigence de justification de la sanction n'est en fait qu'une reprise de l'exigence de la faute. Les faits doivent donc être établis, qualifiés de fautes et non prescrits. Par ailleurs, le juge vérifie que la sanction n'est pas illicite (qu'il ne s'agit pas d'une amende, ni d'une sanction discriminatoire, ni d'une sanction non prévue par le règlement intérieur).

Enfin, le juge vérifie si la procédure éventuellement prévue par le règlement intérieur ou la convention collective a bien été respectée (audition obligatoire, assistance du délégué du personnel, intervention d'un conseil de discipline dont la composition peut être paritaire, etc.).

## § 2 - Le contrôle de la proportionnalité de la sanction

Le juge vérifie également que la sanction est proportionnée. En effet, le juge peut annuler une sanction disproportionnée à la faute commise. L'appréciation du caractère disproportionné de la sanction devra se faire *in concreto*, au vu des données de l'espèce. Ainsi, un licenciement disciplinaire peut être considéré comme disproportionné au regard d'une faute bénigne du salarié[130]. Toutefois, la faculté d'annulation du juge ne s'applique qu'aux sanctions autres que le licenciement. Si la sanction prononcée est un licenciement, le droit commun du licenciement reprend alors ses droits et seule une condamnation à des indemnités de licenciement pour absence de cause réelle et sérieuse est possible.

---

[130] Voir dans ce sens, arrêt n° 65/E/AG du 16 juin 1991 de la Cour suprême de Djibouti, Kassim Mohamed Kassim/Société Pountland Contracting S/C Ambassade des Etats-Unis d'Amérique.

# Chapitre 10- La durée du travail

Au cœur du contrat de travail se loge un échange simple : une rémunération contre une subordination. Tout comme la rémunération, la subordination n'est pas illimitée : le travailleur n'offre qu'une partie de son temps. Cette limitation du temps de la subordination est cruciale. Elle permet que le salarié puisse développer sa vie personnelle, que les effets néfastes du travail sur la santé ne soient pas trop importants et qu'un minimum d'équilibre existe dans l'échange constitutif du contrat. En un mot, la limitation du temps de travail évite que la condition du travailleur se rapproche trop de celle d'esclave ou du travailleur forcé, souvenirs restés vifs dans les consciences africaines.

Sur longue période, l'évolution du droit en Afrique et à Djibouti est donc assez lisible et va dans le sens d'une réduction permanente du temps passé au travail. Mais si l'on examine la période la plus récente, on observe une tendance inverse d'allongement de la durée de travail. Celle-ci qui était fixée par le Code de 1952 à quarante heures par semaine, a été portée à quarante-huit heures par le Code de 2006.

Cette augmentation du temps de travail est l'un des dispositifs les plus importants du Code de 2006, du moins l'un de ceux qui ont donné lieu aux plus vifs débats au sein du Parlement djiboutien. Ses défenseurs n'ont pas manqué de le présenter comme un moyen politique de croissance économique. En effet, augmenter le temps de travail peut être un facteur important de productivité, de rentabilité. Mais ses détracteurs qualifiant un tel raisonnement de simpliste, ont eu à pointer du doigt le potentiel effet pervers de création de chômage d'un tel choix.

Quoi qu'il en soit, la durée légalement fixée continue de se décompter en principe dans le cadre de la semaine. Toutefois, depuis le Code de

2006, l'employeur peut répartir la durée du travail sur une période supérieure à la semaine et au plus égale à l'année si une convention ou un accord collectif l'y autorise et en prévoit les modalités (Section 1). Enfin, la législation a prévu le repos hebdomadaire et institué des fêtes fériées (Section 2).

## Section 1 - La durée hebdomadaire du travail

Le Code du travail pose un principe de la durée hebdomadaire du travail (§ 1) mais prévoit des possibilités de dépassement de ladite durée (§ 2).

### § 1 - Le principe de la semaine de 48 heures de travail

L'article 84 du Code du travail dispose que dans les tous les établissements publics et privés, la durée légale du travail des salariés, quels que soient leur sexe et leur mode rémunération, est fixée à 48 heures par semaine. Cette définition exclut les entreprises agricoles.

La durée du travail fixée par la loi est une durée de travail effectif[131]. Il faut donc en exclure, le cas échéant, le temps de travail nécessaire à l'habillage et au casse-croûte. En revanche, "les heures creuses" sont considérées comme temps de travail effectif sauf si elles se produisent avec une certaine régularité.

Par ailleurs, la règle de 48 heures n'empêche pas certaines entreprises de maintenir leur activité 24 heures sur 24. C’est le cas par exemple

---

[131]La durée de travail effectif n'est pas définie par la législation djiboutienne. En l’absence donc d’une telle définition, on ne peut que présumer que celle-ci s’entend, en principe, du temps correspondant aux horaires pendant lesquels le salarié se tient à la disposition de son employeur, prêt à répondre à ses ordres ou demandes d’activité. Une telle conclusion concorde avec l'article 3121-1 du Code du travail français qui définit la durée du travail effectif le temps pendant lequel le salarié est à la disposition de l'employeur et se conforme à ses directives sans pouvoir vaquer librement à des occupations personnelles.

des entreprises qui assurent une production ou service nécessitant leur fonctionnement sans interruption, jour et nuit. Dans ces entreprises, l'organisation du travail se fait alors par roulement : un salarié ou une équipe de salariés succède immédiatement à un salarié ou à une autre équipe, au (x) même (s) poste (s) de travail et pour le même temps. Dans ce cas, la durée journalière de travail ne saurait excéder 8 heures[132].

## § 2 - Les dépassements de la durée légale

La règle des 48 heures souffre des exceptions. Le législateur a prévu que dans certains cas la durée légale du travail pourrait pratiquement dépasser 48 heures par semaine. C'est ce qu'on appelle les dépassements qui sont essentiellement de quatre ordres : les équivalences (A), la récupération d'heures perdues (B), la modulation (C) et les heures supplémentaires (D).

### *A - Les équivalences*

Pour tenir compte de la situation particulière de certaines professions, un nombre d'heures de présence hebdomadaire supérieur à 48 heures a été prévu : c'est le système des équivalences; on se borne à établir des équivalences entre les 48 heures légales et un temps de présence sur le lieu de travail supérieur à 48 heures, parce que le salarié ne fournit pas un travail pendant son temps de présence. Ces équivalences peuvent être prévues soit par décret, soit par les conventions collectives[133].

Si l'on se réfère à l'arrêté n° 1283 du 23 octobre 1953 déterminant le régime des dérogations prévues à l'article 112 du Code de 1952[134], les

---

[132] Articles 5 et 6 du décret n° 2019-183/PR/MTRA du 23 juillet 2019 fixant les modalités de répartition de la durée du travail et l'amplitude maximale journalière.
[133] Article 85-1 du Code du travail.
[134] Article 3 de l'arrêté n° 1283 du 23 octobre 1953 déterminant le régime des dérogations prévues à l'article 112 du Code de 1952 (JO CFS du 1er novembre 1953, p. 374).

professions susceptibles d'être concernées sont celles où le travail effectif est fonction de la demande du public ou de circonstances étrangères à la volonté du travailleur (ex: coiffeurs, commerces de détail, boulangerie, gardiennage, etc.).

### *B-La récupération d'heures perdues*

Sous certaines conditions, l'employeur peut faire récupérer des heures de travail incluses dans les 48 heures hebdomadaires et qui n'auraient pas été utilisées. Le texte traitant de cette question est le récent arrêté n° 2019-123/PR/MTRA du 23 juillet 2019 pris sur le fondement de l'article 89 du Code du travail et, surtout, les conventions collectives. Selon cet arrêté, la récupération est également prévue lorsque l'interruption du travail résulte de causes accidentelles, d'intempéries ou de cas force majeure empêchant l'accomplissement de la durée normale d'une semaine de travail[135].

Toutefois, la récupération doit avoir lieu dans les 12 mois qui suivent l'évènement justifiant la perte initiale des heures de travail[136]. Enfin, elle ne peut augmenter la durée de travail de rétablissement ou de la partie de rétablissement de plus d'une heure par jour ni de plus de six heures par semaine[137].

### *C-La modulation*

La modulation des heures de travail repose sur le constat que dans certaines entreprises ou branches d'activités la masse de travail à exécuter est plus grande en certaines périodes de l'année et que d'autres périodes sont considérées comme creuses.

---

[135] Article 3 de l'arrêté 2019-123/PR/MTRA du 23 juillet 2019 fixant les règles de récupération.

[136] Ibid, article 4.

[137] Ibid, article 6.

La loi autorise les employeurs des entreprises concernées à faire varier la durée du travail sur tout ou partie de l'année. Il va s'agir concrètement de réduire la durée de travail en deçà de 48 heures par semaine en saison creuse et la porter à plus de 48 heures en haute saison, sans compensation financière au titre des heures supplémentaires.

La mise en œuvre de la modulation est subordonnée à l'existence d'une convention collective ou d'un accord collectif (avalisé par le ministre en charge du travail) qui la prévoit et en offre la possibilité aux employeurs. Sans cette habilitation préalable, le recours à la modulation n'est pas régulier.

Bien qu'elle soit consacrée par les textes, la modulation reste encore peu connue et peu pratiquée par les entreprises djiboutiennes. Cet écart entre le droit et les faits peut trouver un début d'explication dans la résistance des mentalités des acteurs sociaux qui conçoivent toujours difficilement un calcul de la durée du travail sur une période plus longue que la semaine ; la méconnaissance du droit de la modulation confortée par le laconisme de la loi en la matière peut également justifier le très faible degré de réception et d'effectivité de ce dispositif.

### *D - Les heures supplémentaires*

Les heures supplémentaires sont les heures effectuées au-delà de la durée légale ou de la durée considérée comme équivalente, à la demande de l'employeur. Chaque chef d'entreprise est juge de la nécessité ou non de recourir aux heures supplémentaires. Mais, s'il est permis dans ces conditions de déroger à la durée légale du travail, l'ordre public rend nécessaire l'imposition d'une durée effective maximale pour sauvegarder la santé et la sécurité des travailleurs. Cette durée est égale à celle légale hebdomadaire (ou la durée équivalente instituée par la convention collective) augmentée d'un nombre déterminé d'heures supplémentaires.

Deux catégories d'heures supplémentaires sont à différencier au regard des situations dans lesquelles il peut y être recouru. Il existe tout d'abord des heures supplémentaires auxquelles l'employeur peut recourir sans qu'il ne soit obligé de requérir l'autorisation de l'inspecteur du Travail. La loi l'oblige seulement à respecter les procédures d'affichage et de communication à l'inspecteur du Travail[138]. Ces heures ne doivent pas être supérieures, pour une semaine, à 10 % de la durée légale hebdomadaire de travail, soit environ cinq heures[139]. Pour les salariés employés à durée déterminée une partie de l'année seulement, ce nombre se réduit proportionnellement à leur temps de présence dans l'entreprise[140].

Par ailleurs, il existe également la possibilité de recourir aux heures supplémentaires au-delà de la limite des 10 % de la durée légale hebdomadaire. Mais la loi fixe ici des limites. Ainsi, aux termes de l'article 87 du Code du travail, « l'accomplissement d'heures supplémentaires ne peut avoir pour effet de porter la durée effective du travail à plus de soixante heures par semaine, ni plus de douze heures par jour ». À la différence des heures supplémentaires précédentes, cette deuxième catégorie est soumise, sous peine de sanctions[141], à l'autorisation préalable de l'inspecteur du Travail[142].

Selon l'article 88 du Code du travail, les heures supplémentaires sont rémunérées à un taux majoré fixé par voie de convention ou d'accord collectif.

---

[138] Article 86 du Code du travail.

[139] Idem.

[140] Idem.

[141] L'article 289 punit d'une amende de cinq cent mille francs à un million de francs, et en cas de récidive de quinze jours d'emprisonnement et d'une amende double, ou de l'une de ces deux peines seulement, les auteurs d'infractions aux dispositions de l'article 87.

[142] Article 86 du Code du travail.

## Section 2-Les différents temps de repos

La réduction du temps de travail a pour effet d'assurer aux travailleurs une protection de leur intégrité physique, mais aussi une vie familiale et sociale en dehors des contraintes professionnelles. Les mêmes considérations justifient également une règlementation qui impose ou autorise, au profit des travailleurs, des interruptions autres que celles imposées par l'organisation du temps de travail (temps de repos entre deux jours). Ces interruptions sont de différents ordres : le repos hebdomadaire (§1), les jours fériés (§2), le congé annuel payé (§3).

### §1-Le repos hebdomadaire

Le principe du repos hebdomadaire est affirmé par l'article 97 du Code du travail en ces termes : « le repos hebdomadaire est obligatoire. Il est au minimum de vingt-quatre heures consécutives. Il a lieu en principe le vendredi ».

Même si la loi ne l'indique pas expressément, ce principe a deux conséquences. La première est que l'employeur se voit interdit de faire travailler un même salarié plus de six jours par semaine, afin de lui permettre de jouir de son droit au repos hebdomadaire. Réciproquement, l'usage du qualificatif "obligatoire" induit l'interdiction pour tout salarié de renoncer au repos hebdomadaire, notamment en contrepartie d'une compensation financière. La seconde conséquence est que la journée de repos ne peut être fractionnée. Pour que la journée de repos hebdomadaire soit, selon les termes de la loi, entière, elle doit avoir une durée minimum de 24 heures consécutives.

Le second alinéa de l'article 97 précitée établit qu'il peut être dérogé au repos hebdomadaire du vendredi au moyen d'un arrêté pris, après avis du Conseil National du Travail, de l'Emploi et de la Formation Professionnelle. En l'absence de la parution de ce texte, il faut se référer à l'arrêté pris sur le fondement de l'article 120 du Code du travail de 1952 (ancêtre de l'article 97)[143] pour présupposer la nature de ces dérogations.

Ces dérogations sont de trois ordres :

a) Le repos peut être donné d'autres jours que le vendredi pour des raisons touchant la nature même du travail, soit collectivement, c'est-à-dire pour tout le personnel de l'entreprise simultanément, soit par roulement, c'est-à-dire faisant assurer une permanence le vendredi par une partie du personnel qui ne doit pas toujours le même ;
b) le repos peut être donné d'autres jours que le vendredi si des fêtes locales ou rituelles imposent occasionnellement un arrêt de travail pendant la semaine et si le cumul de cet arrêt de travail avec celui du vendredi avait pour résultat une réduction excessive de la durée du travail hebdomadaire ;
c) le repos peut être réparti sur une période plus longue que la semaine si la nature du travail accompli rend impossible une interruption hebdomadaire.

Ces dérogations doivent être fondées sur des motifs nettement établis et garder un caractère exceptionnel. Au cas où l'arrêté prévu à l'alinéa 2 de l'article 97 ne respecterait pas ces conditions, il pourrait être annulé au terme d'un recours devant la juridiction compétente.

### § 2 - Les jours fériés

Selon une disposition de principe s'appliquant à l'ensemble des travailleurs, les jours fériés sont chômés et payés pour l'ensemble des personnels, quel que soit le statut juridique de l'employeur. La détermination de ces jours se fait « selon la loi ou la

---

[143] Arrêté n° 1545 23 décembre 1953 déterminant les modalités d'application du repos hebdomadaire (JO CFS du 1er janvier 1954, p. 25),

réglementation[144] ». Les dates de fêtes musulmanes sont indiquées approximativement en raison du caractère aléatoire et mouvant du calendrier lunaire. Il s'agit de l'*Aid-Al-Fitr* (fin du jeûne du ramadan, 2 jours), de l'*Aid-Al-Adha* (sacrifice d'Abraham, 2 jours), de l'*Awal Mouharam* (jour de l'an de l'Hégire) d'*El mawlid* (anniversaire de la naissance du prophète Mohamed) et d'*Al-Isra-Al-Miraj* (jour de l'ascension du prophète Mohamed). Les jours de fêtes non-musulmanes sont : le 1er janvier, le 1er mai, le 27 juin (fête de l'indépendance, 2 jours)[145].

Les jours fériés sont rémunérés sans distinction entre les travailleurs, y compris pour le personnel payé à l'heure ou à la journée. Toutefois, il faut observer que les jours fériés ne sont pas chômés pour tout le personnel dans les entreprises qui, en raison de la nature de leur travail, ne peuvent interrompre leur activité. Le salarié qui travaille un jour férié a-t-il droit à une majoration de sa rémunération ? Aucune disposition légale n'apporte une réponse à cette question. Mais la seule solution peut se trouver dans des dispositions conventionnelles. Ainsi, peut-il arriver que le salarié ayant travaillé un jour férié ait droit à une majoration d'heures supplémentaires même si le jour férié tombe un jour ouvrable et alors même qu'il n'y a pas réellement d'heures supplémentaires effectuées[146] ? Il serait sans doute préférable que le législateur se saisisse de cette question et qu'il institue, au profit du salarié travaillant un jour férié, une indemnité ou une majoration spéciale sans les rattacher à la notion d'heures supplémentaires.

---

[144] Article 98 du Code du travail.

[145] Circulaire du 25 janvier 2021 ministre de l'Intérieur relative au calendrier des fêtes légales et musulmanes de l'année 2021.

[146] L'article 5-3- de la Convention d'établissement des personnels civils des forces françaises stationnées à Djibouti dispose que « les heures effectuées pendant les jours fériés djiboutiens donnent lieu à une majoration horaire d'un montant fixé à 50 % du taux du salaire horaire ».

## § 3 - Les congés annuels payés

Un régime unique est prévu pour tous les salariés. Le salarié, quel que soit son statut, acquiert droit au congé après une période minimale de service effectif égale à un an, appelé période de référence[147]. Les congés annuels payés n'excluent aucunement la prise des autres congés prévus par la réglementation. Par exemple, la salariée de retour d'un congé de maternité a droit à son congé annuel payé, quelle que soit la période retenue pour le personnel de l'entreprise.

La durée des congés payés est de deux jours et demi ouvrables par mois de service effectif. La notion de jour ouvrable est très large et vise tous les jours de la semaine, quel que soit l'horaire de l'entreprise ou du salarié, hormis le jour du repos hebdomadaire et les jours fériés[148].

L'époque de la prise effective du congé annuel doit correspondre aux douze mois suivant la période de référence. Toutefois, l'employeur est libre de fixer les dates de congé de chacun des salariés, compte tenu des nécessités du service et, dans la mesure du possible, des souhaits du salarié. En pratique, les départs en congé sont organisés selon deux formules. Dans la première, le congé est accordé par roulement, afin d'assurer la continuité de l'entreprise. L'ordre de départs est fixé par l'employeur même si le salarié peut indiquer la date qui lui conviendrait le mieux. Cependant, l'employeur est légalement tenu d'informer le salarié de la date de son congé quinze jours à l'avance[149]. La seconde formule est celle de la fermeture totale de l'entreprise et de l'octroi du congé à l'ensemble du personnel aux mêmes dates.

Enfin, avec l'accord du salarié, le congé peut être fractionné à condition que le salarié bénéficie d'un repos d'au moins quatorze jours consécutifs, jours de repos hebdomadaire ou jours fériés éventuels compris[150].

---

[147] Article 102 du Code du travail.
[148] Article 99 du Code du travail.
[149] Article 103-1 du Code du travail.
[150] Article 104 du Code du travail.

# Chapitre 11- La santé et la sécurité au travail

Le droit à la santé et à la sécurité est un droit fondamental pour chaque travailleur et mérite une forte protection. Les enjeux qui y sont relatifs revêtent essentiellement trois caractéristiques : humaine (un accident du travail peut être source de drame familial), économique (les préjudices professionnels générateurs d'incapacités paralysent le travailleur en même temps qu'ils perturbent le bon fonctionnement de l'entreprise) et sociale (la santé des travailleurs et leur épanouissement constituent un facteur d'harmonie). Cette réalité justifie que la santé et la sécurité soient une préoccupation des pouvoirs publics et des acteurs sociaux ainsi que des institutions internationales. Les questions liées à la santé et sécurité au travail ont, ressurgi récemment avec la pandémie de la Covid-19, le plus grand défi sanitaire du 21ème siècle.

La santé et sécurité au travail (SST) correspond à l'ensemble des mesures destinées à prévenir des risques professionnels c'est-à-dire des accidents du travail et les maladies professionnelles. L'humanisation du travail, souci permanent de l'Organisation Internationale du travail (OIT), implique la promotion des conditions de travail favorables à l'épanouissement de l'être humain (voir le préambule de la Constitution de l'OIT, Déclaration de Philadelphie de 1944 et la Déclaration de l'OIT sur la justice sociale pour une mondialisation équitable de 2008). Aujourd'hui, le concept d'humanisation a évolué vers celui du travail décent qui correspondrait à un travail productif, exercé dans des conditions de liberté, d'équité, de sécurité et de dignité. La sécurité, notion essentielle du travail décent, suppose donc aussi bien la protection sociale que la protection de la santé des travailleurs.

Comment est donc organisée la SST à Djibouti ? Autrement dit, comment s'y prend le législateur djiboutien pour assurer aux travailleurs le droit à des conditions de travail sûres et salubres ?

La protection de la santé et de la sécurité dans l'entreprise fait l'objet d'une attention soutenue du législateur. Le droit de la santé et de la sécurité au travail est prévu au chapitre IV du Code du travail. Divers acteurs du monde du travail interviennent pour donner à ce droit son effectivité.

L'acteur majeur en matière de protection de la santé et de la sécurité est l'employeur puisque repose sur ses épaules une obligation générale de prévention (Section 1). Pour autant, le droit du travail djiboutien a consacré une participation équilibrée entre les employeurs et les travailleurs (Section 2). De plus, divers acteurs, internes et externes à l'entreprise, s'intéressent à ces questions (Section 3).

## Section 1 – L'employeur

Le législateur a expressément formulé une obligation générale d'hygiène et de sécurité à la charge de l'employeur. L'article 121 du Code du travail dispose que « pour protéger la vie et la santé des salariés, l'employeur est tenu de prendre toutes les mesures nécessaires et utiles qui sont adaptées aux conditions d'exploitation de l'entreprise ». Ces mesures consistent en une série d'actions de nature à prévenir les risques professionnels. Leur analyse permet de distinguer trois domaines d'action : l'hygiène (§1), la sécurité (§2), l'information et la formation (§2).

### § 1 – L'hygiène

Selon l'article 121-3 du Code du travail, les locaux doivent être tenus dans un état de propreté permanent. De même, les machines, mécanismes, appareils de transmission, outils et engins mécaniques ou manuels, doivent être installés et tenus dans les meilleures conditions possibles de sécurité et de propreté.

Ces dispositions légales pesant sur l'employeur doivent être complétées par des textes règlementaires. L'article 125 du Code du travail prévoit en effet la prise d'arrêtés déterminant les mesures générales de protection et de salubrité applicables à tous les établissements et entreprises assujettis au Code du travail, notamment en ce qui concerne l'éclairage, l'aération ou la ventilation, les eaux potables, les sanitaires, l'évacuation des poussières et vapeurs, les précautions à prendre contre les incendies, l'aménagement des issues de secours, les rayonnements, le bruit et les ventilations. L'absence d'adoption de ces arrêtés, déplorée à maintes reprises par la CEACR, enlève toute pertinence au cadre légal de protection des travailleurs contre les risques professionnels[151].

Enfin, il faut mentionner l'interdiction faite à toute personne d'introduire ou de laisser distribuer, dans les établissements ou entreprises, des boissons alcoolisées, du *khat* ou toute autre drogue[152]. La violation de cette interdiction est assimilée à une faute lourde[153].

## § 2 - La sécurité

Relativement à la sécurité, le Code du travail pose un principe général : l'éradication du danger en amont. La prévention exige que la sécurité soit garantie par des mesures envisagées dès le stade de l'aménagement des installations, la détermination de la marche du travail et le choix des machines. C'est ainsi que l'employeur « est tenu notamment d'aménager les installations et régler la marche du travail de manière à préserver le mieux possible les salariés des accidents et maladies »[154]. De même, les moteurs et ''machines tournantes'' doivent comporter les protections nécessaires à préserver l'intégrité physique des travailleurs[155].

---

[151] CIT, 103ème session, 2013, observation CEACR, Convention n°120, Djibouti.
[152] Article 123 du Code du travail.
[153] Article 59 du Code du travail.
[154] Article 121 du Code du travail.
[155] Idem.

Enfin, l'article 123 prévoit la prise d'arrêtés destinés à limiter, réglementer ou interdire la fabrication, la vente, l'importation, l'exportation, la cession à quelque titre que ce soit ainsi que l'emploi des machines, des substances et préparations dangereuses pour les travailleurs. Il faut ici aussi déplorer l'absence de publication de ces arrêtés qui auraient apporté beaucoup plus d'effet aux dispositions législatives de sécurité en matière de conditions de travail.

### § 3 – L'information et la formation

Parmi les mesures importantes relatives à la prévention des risques, la loi impose à l'employeur des actions d'information et de formation. Le principe de ce type d'actions est posé par l'article 122 du Code du travail : « tout employeur est tenu d'organiser une information pratique et appropriée en matière d'hygiène et de sécurité au bénéfice des salariés nouvellement embauchés, de ceux qui changent de poste de travail ou de technique et de ceux qui reprennent leur activité après un arrêt de travail d'une durée de plus de deux ans ».

Pour l'organisation des actions d'instruction, d'information et de formation, il revient à l'employeur de se concerter avec l'ensemble des acteurs de la prévention au sein et en dehors de l'entreprise.

La situation de pandémie de la Covid-19 a amené les autorités publiques à imposer une vigilance toute particulière aux employeurs dans l'intérêt des salariés et de l'entreprise. Ainsi, l'employeur se doit d'adapter les mesures déjà existantes au sein de son entreprise pour tenir compte du caractère particulièrement contagieux du virus et dans certains cas dangereux du virus. A ce titre, il doit informer et sensibiliser les salariés aux recommandations sanitaires préconisés notamment par le Ministère de la Santé et mettre en œuvre toutes les mesures préventives nécessaires pour réduire au maximum les risques de contamination sur le lieu de travail ou à l'occasion de travail : lavage fréquent des mains au savon, distribution des désinfectants, respect de la distanciation physique, désinfection régulière des locaux de travail, etc.

## Section 2- Le salarié

Conformément aux instructions qui lui sont données par l'employeur, dans les conditions prévues au règlement intérieur pour les entreprises tenues d'en élaborer un, il incombe à chaque travailleur d' « utiliser correctement les dispositifs de salubrité et de sécurité et s'abstenir de les enlever ou de les modifier sans autorisation de l'employeur »[156]. D'une manière générale, le travailleur doit prendre soin, en fonction de sa formation[157] et selon ses possibilités, de sa santé et de sa sécurité ainsi que de celles des autres personnes concernées par ses actes ou ses omissions au travail.

Par ailleurs, selon l'article 124-3 du Code du travail, le travailleur peut se retirer d'une situation de travail dont il des motifs objectifs et sérieux de penser qu'elle présente un risque grave et imminent pour sa personne et/ou pour les personnes ou encore pour l'entreprise.

Souvent lié à des droits proches (à la vie et à l'intégrité physique), ce droit de retrait peut être analysé comme un instrument de garantie du droit à la protection de la santé. Il entraîne le bénéfice d'un régime protecteur puisque l'article 124-4 indique qu'aucune mesure disciplinaire ne peut être prise à l'encontre du salarié aurait exercé son droit de retrait conformément aux conditions posées par l'article 124-3.

Toutefois, pour ne pas être suspecté d'abus de droit, le salarié doit saisir immédiatement le chef d'entreprise ou son préposé pour les

---

[156] Article 124-2 du Code du travail.
[157] La référence à la formation fait écho à l'obligation en matière de SST pesant sur l'employeur (voir supra).

mesures à prendre en vue d'éliminer le risque ainsi que les délégués du personnel, s'il en existe, et surtout l'inspecteur du travail[158].

## Section 3 – Les autres acteurs de la santé et de la sécurité

La loi assure l'implication d'une pluralité d'instances dans la prévention (§ 1) et le contrôle (§ 2) en matière de SST.

### § 1 - Les instances préventives

Plusieurs organes internes et externes à l'entreprise concourent à la prévention des risques professionnels. Il s'agit de la médecine du travail (A), de la Commission nationale de sécurité et de santé au travail (B) mais surtout du comité d'hygiène et de sécurité (C).

#### *A - La médecine du travail*

Selon l'article 26 de la loi du 3 juillet 1999 portant orientation de la politique de santé, la médecine du travail a pour priorité la prévention des maladies professionnelles et celle des accidents du travail. Elle est principalement gérée par les centres de soin de la Caisse Nationale de Sécurité Sociale (CNSS). Ces derniers ont pour mission de conseiller les employeurs afin d'éviter toute altération de la santé du fait de leur travail, notamment en surveillant les conditions d'hygiène de travail, les risques de contagion et l'état de santé des travailleurs. Pour ce faire, ils procèdent à des examens médicaux obligatoires : visite médicale d'embauche; visite médicale périodique, visite médicale de reprise suite à une absence pour cause de maladie ou d'accident du travail.

---

[158] L'inspecteur du travail doit, dans les trois jours ouvrables de la saisine se prononcer sur la preuve produite avant que n'intervienne la mesure disciplinaire envisagée par l'employeur.

## B - La commission nationale de sécurité et de santé au travail

La Commission nationale de sécurité et de santé au travail est un organisme consultatif institué auprès du ministère du Travail. Elle jouit, du moins en théorie, d'une compétence spécifique. Il étudie les problèmes relatifs à l'hygiène et la sécurité en milieu de travail. Il est également chargé d'émettre toutes suggestions et tous avis sur la réglementation en matière de sécurité au travail, ainsi que sur l'orientation et la mise en application de la politique nationale de prévention des risques professionnels[159].

Enfin, la CNSST est de composition paritaire puisqu'elle comprend en nombre égal, des représentants des employeurs et des salariés à côté des fonctionnaires et d'experts qualifiés.

## C - Le Comité d'hygiène et de sécurité (CHS)

Le CHS est un organisme technique crée en vue d'associer le personnel au maintien et à l'amélioration des conditions d'hygiène et de sécurité dans l'entreprise. Il est obligatoire dans toutes les entreprises du secteur industriel, des bâtiments et travaux publics occupant au moins cinquante travailleurs.

Le CHS est composé du chef d'établissement ou d'entreprise, d'un responsable de la sécurité ou d'un chef d'atelier et d'un délégué du personnel[160]. Outre ces derniers, il intègre, dans son fonctionnement, et de plein droit, le médecin ou l'infirmier d'entreprise en qualité de conseiller. À défaut de médecin ou infirmier d'entreprise, le comité peut faire appel pour mener à bien ses travaux à un médecin ou un infirmier de la CNSS[161].

---

[159] Article 283-2 du Code du travail.
[160] Article 127 du Code du travail.
[161] Idem.

Les attributions du CHS font l'objet d'une longue énumération dans l'article 128 du Code du travail. Sans les reprendre dans leur ensemble, on peut distinguer des activités d'inspection, d'enquêtes, d'information et de formation. Dans chaque établissement ou entreprise, le comité procède à l'inspection des lieux de travail. Il est obligatoirement associé, aux fins de prévention, aux enquêtes menées à l'occasion ou de chaque maladie professionnelle. Il est également chargé de contribuer à informer et à « développer l'esprit de sécurité » au sein des personnels. À ce titre, le CHS participe à l'établissement d'un programme de prévention des risques professionnels dont il est chargé par ailleurs d'assurer le suivi et le contrôle.

Enfin c'est à ce comité qu'il revient d'établir annuellement les statistiques sur les accidents du travail et les maladies professionnelles. Ses activités annuelles doivent faire l'objet d'un rapport soumis au chef d'entreprise, et dont une copie est adressée à l'Inspecteur du Travail[162].

### §2-Les institutions de contrôle

La réglementation prévoit deux types de contrôle pour assurer l'application des règles en matière d'hygiène, de sécurité et de médecine de travail : le contrôle de l'Inspection du Travail (**A**) et le contrôle de l'inspection générale de la santé (**B**).

#### A-L'Inspection du travail

L'Inspection du Travail est investie d'une mission générale de contrôle. Aux termes de l'article 199 du Code du travail, les inspecteurs du travail peuvent procéder à tous les examens ou enquêtes jugées nécessaires pour s'assurer que toutes les dispositions législatives et règlementaires sont effectivement observées. Le Code

---

[162] Article 129-4 du Code du travail.

du travail précise que cette mission s'étend au contrôle de l'application de la législation en matière d'hygiène, de sécurité et de médecine du travail qui est dévolu à l'inspection du travail, conformément à ses attributions[163]. Mais dans cette matière, l'inspecteur du travail exerce ses compétences générales selon des modes d'action quasi similaires définis par la loi.

Au titre de sa mission générale, l'Inspecteur du Travail peut à tout moment prendre l'initiative d'une action de contrôle. Le comité d'hygiène et de sécurité dans lequel siègent les représentants des travailleurs ainsi que le médecin du travail peuvent le saisir légalement à tout moment en cas de constat d'une négligence flagrante ou de facteurs de nuisance pour lequel des mesures adéquates n'ont pas été prises par l'employeur, préalablement avisé. Il est de règle générale et stricte que l'Inspecteur du Travail peut effectuer des visites de contrôle dans tous les lieux de travail, à toute heure de jour, et même de la nuit, si des salariés y sont occupés[164]. Lors de sa visite, il peut obtenir, notamment, la présentation par l'employeur des registres d'hygiène, de sécurité et de médecine du travail, des accidents du travail et des vérifications techniques des installations et équipements industriels. Il peut également se faire présenter le registre et les fiches de visites médicales individuelles obligatoirement établis par le médecin du travail. Au cours de ces visites, l'Inspecteur du Travail peut prélever (ou faire prélever) et emporter aux fins d'analyse des échantillons des matières et substances utilisées ou manipulées[165].

Lorsque des infractions sont constatées, l'inspecteur du travail met l'employeur en demeure de se conformer aux prescriptions prévues par la loi et la réglementation[166]. Les délais accordés au chef d'entreprise pour mettre fin aux infractions relèvent de l'appréciation

---

[163] Article 131 du Code du travail.
[164] Article 199 du Code du travail.
[165] Idem.
[166] Article 131-2 du Code du travail.

souveraine sous réserve qu'ils ne soient pas inférieurs à six jours[167]. Ces délais d'exécution seront fixés par l'inspecteur du travail qui tiendra compte des circonstances propres à chaque situation.

C'est seulement si l'employeur n'a pas pris, dans les délais fixés, les mesures demandées que l'inspecteur du travail peut dresser un procès-verbal. Mais, il est légalement tenu d'établir un procès-verbal d'infraction immédiatement, et de mettre en demeure le chef d'entreprise de prendre les mesures adaptées aux risques à prévenir ; selon les termes de l'article 31 du Code du travail, « en cas d'extrême d'urgence, l'inspecteur du travail peut dresser procès-verbal sans mise en demeure préalable ». Ainsi, la mise en demeure préalable est une condition pour la poursuite des infractions, sauf lorsque les faits constatés présentent un danger particulièrement grave, auquel cas le procès-verbal d'infraction droit être dressé sans délai.

Enfin, il peut arriver qu'au cours de ces visites techniques, l'Inspecteur du Travail constate une défectuosité dans une installation, une trop grande concentration d'émanations suffocantes ou de méthodes de travail lui donnant un motif raisonnable de les considérer comme un danger imminent pour la sécurité et la santé des travailleurs. Dans ces cas, l'article 132 du Code du travail lui accorde le pouvoir d'ordonner que les modifications nécessaires soient apportées par l'employeur. La décision est notifiée à l'employeur par écrit soit sur le registre d'employeur, soit par lettre recommandée avec accusé de réception. Elle précise les délais d'exécution impartis qui ne peuvent être inférieurs à quinze jours. L'employeur peut exercer un recours contre cette décision devant le juge des référés. Ce dernier doit statuer avant la fin du délai d'exécution fixé par l'Inspecteur du Travail.

---

[167] Idem.

### *B-La section technique de l'Inspection générale de la santé*

Le contrôle de l'application de la législation et de la réglementation relatives à l'hygiène et la médecine du travail est dévolu, en plus de l'inspection du travail, à la section technique de l'Inspection générale de la santé. Celle-ci désigne en son sein des médecins chargés de la fonction de contrôle et d'inspection. Ces derniers sont recrutés « parmi les cadres ayant une expérience professionnelle minimale de cinq ans et ayant déjà exercé des fonctions de niveau, au moins, de chef de service à l'hôpital général ou de sous-directeur d'administration centrale »[168]. Les tâches de contrôle et d'inspection portent plus particulièrement sur l'organisation et le fonctionnement des structures de santé. Les médecins-inspecteurs disposent, comme les inspecteurs du travail, du libre accès à n'importe quels lieux. Ils peuvent procéder ou faire procéder à toute enquête ou prélèvement aux fins d'analyse en vue d'évaluer les conditions sanitaires du milieu.

---

[168] Article 19 de la loi n° 118/AN/01/4ème L du 21 janvier 2001 relative aux attributions et à l'organisation du ministère de la Santé.

# Chapitre 12- Le salaire

Le salaire est évidemment un élément crucial pour les personnes au travail. De son niveau et de sa stabilité vont dépendre bien souvent les conditions d'existence du salarié : où il habite, ce qu'il mange, qui il fréquente, autant d'éléments de la vie de tous les jours qui sont étroitement liés au niveau de revenu. En Afrique, et particulièrement à Djibouti, le salaire ou le produit du travail revêt une dimension plus large ; il peut non seulement être au service du salarié et de sa famille nucléaire mais également au service du clan, même si les sentiments de solidarité intra clanique ne sont plus éprouvés au même degré que jadis.

L'importance sociologique du salaire est proportionnelle à la complexité juridique de la notion. En droit, le mot "salaire" a plusieurs définitions. Le salaire au sens strict, constitue la contrepartie du travail effectué. C'est en ce sens que l'on parlera de salaire lorsqu'on souhaitera vérifier si l'employeur verse bien le salaire minimum. Le salaire au sens large, souvent appelé rémunération, regroupe toutes les sommes versées au salarié à l'occasion du travail même si ce n'est pas exactement la contrepartie du travail effectué. C'est la conception retenue par le droit de la sécurité sociale pour le calcul des cotisations sociales[169]. Enfin, le salaire au sens très large contient tous les éléments et avantages pécuniaires versés par l'employeur en conséquence du contrat de travail. L'article 136 du Code du travail, dans cette perspective, évoque le salaire "en raison de l'emploi" du salarié.

---

[169] Pour avoir un aperçu de cette conception, voir l' arrêté n° 69-1883/SG/CG du 31 décembre 1969 portant organisation et fixant les règles de fonctionnement ainsi que le régime financier de la Caisse des Prestations Sociales et l' arrêté n° 2015-05/PR/MTRA portant modification du plafonnement des rémunérations entrant en compte pour la détermination de l' assiette des cotisations dues à la CNSS et revalorisation du barème forfaitaire de la contre valeur des avantages en nature à retenir pour le calcul desdites cotisations.

À cette première couche de complexité, vient s'en superposer une seconde. Le salaire est rarement d'un seul bloc, il est composé de différents étages, de différents éléments, qui ne font l'objet que de rares précisions. L'imagination des employeurs conduit à des structures de rémunérations plus ou moins élaborées : un salaire de base calculé, en général, en fonction d'une durée de travail donnée côtoie fréquemment une part variable, ainsi que le cas échéant, des heures supplémentaires, des primes diverses, des gratifications, des commissions, éventuellement des pourboires. Des avantages en nature (logement, repas) peuvent compléter le tout.

Derrière cette complexité, si l'on se borne aux principes gouvernant principalement la matière, deux grandes thématiques émergent : la structure du salaire (Section 1) et le paiement du salaire (Section 2).

## Section 1- La structure du salaire

L'étude de la structure du salaire fait appel d'une part à ses différentes formes (§1) et d'autre part aux éléments susceptibles de le composer (§2)

### §1-Les différentes formes du salaire

La corrélation du salaire au travail exécuté, en mettant l'accent sur le lien direct entre cette rémunération et l'horaire de travail, permet de distinguer quatre formes de salaires.

#### *A-Le salaire au temps*

Le salaire au temps est fixé sur la base d'une unité de temps (heure, journée, semaine, mois, année) passée au travail. Ni l'effectivité du travail accompli pendant le temps de service ni la cadence de travail ne sont prises en compte ici.

C'est la forme la plus ancienne en usage dans la plupart des professions. Cette forme de salaire n'avantage pas les ouvriers doués, compétents et consciencieux.

### *B-Le salaire au rendement*

Le salaire au rendement tient compte non seulement de l'effectivité du travail accompli mais aussi de sa productivité. Il tend à faire coïncider la rémunération reçue avec son équivalent en termes de prestations données. Il se présente sous deux formes: le salaire aux pièces et le salaire à la tâche.

Le salaire aux pièces se calcule sur la base d'une quantité de pièces produites en un temps déterminé, chaque pièce ayant un prix unitaire fixe : nombre de chaussures fabriquées par un salarié en une semaine, par exemple, ou nombre de voitures lavées en une journée. Le salaire à la pièce est concevable dans les cas où le travail du salarié est suffisamment individualisé et autonome.

En revanche, le salaire à la tâche permet de payer une tâche individuelle bien circonscrite. Il est calculé sur la base du volume du travail fourni : un domaine agricole à cultiver, par exemple, ou un segment de marché à prospecter.

Selon l'article 139 du Code du travail, la rémunération d'un travail à la tâche ou aux pièces doit être calculée de telle sorte qu'elle procure au travailleur de capacité moyenne et travaillant normalement un salaire au moins égal à celui du travailleur rémunéré au temps effectuant un travail analogue.

## §2-Les éléments du salaire

Le salaire se décompose en salaire de base (A) et en compléments ou accessoires de salaire (B).

### *A-Le salaire de base*

Le salaire de base, encore appelé salaire catégoriel, est le minimum auquel le travailleur à plein temps a droit au regard de son classement. Il est le noyau central du salaire. Trois conditions régissent ledit salaire:

- il ne doit pas être inférieur au salaire minimum interprofessionnel garanti (SMIG), réintroduit par la loi du 25 juin 2018, est fixé sur l'ensemble du territoire national, à trente-cinq mille (35 000) francs Djibouti par mois, quelle que soit la branche d'activité[170];

- il doit obéir au principe "à travail égal, salaire égal" qui a pour effet d'interdire la discrimination en matière de fixation de salaire. L'article 137 du Code du travail dispose dans ce sens qu'à travail de valeur égale, le salaire est égal pour tous les travailleurs quels soient leur origine, leur sexe, leur âge, leur statut et leur confession dans les conditions fixées au présent Code. Toutefois, le principe à "à travail égal, salaire égal" ne signifie pas que les salariés qui effectuent le même type de travail doivent recevoir le même salaire. Il oblige simplement l'employeur à assurer une égalité de salaire à tous les employés placés dans une situation identique. Concrètement, cela signifie que, si aucun élément objectif et vérifiable ne les distingue, les salariés d'une même entreprise doivent être payés de façon identique dès lors qu'ils effectuent le même travail ou un travail de valeur égale.

-il est susceptible d'être fixé par accord des parties ou par voie de négociation, dans le cadre des conventions collectives ou des accords d'établissements. On parle de SMIG conventionnel.

---

[170] Il n'existe donc qu'un seul type de SMIG : le SMIG mensuel légal. Le législateur n'a pas jugé pertinent de fixer un SMIG légal de type horaire, journalier ou hebdomadaire comme ce fut le cas sous l'empire du droit antérieur (voir arrêté n° 80-1060/PR/TP du 22 juillet 1980 fixant les salaires minima interprofessionnels garantis en République de Djibouti).

### *B-Les accessoires de salaire*

De source réglementaire, conventionnelle, contractuelle, coutumière (note de service, usage, par exemple), les accessoires de salaire sont multiples et font l'objet, en pratique, de dénominations variées dont les plus courantes sont gratifications, primes, indemnités, pourboires, commissions, avantages en nature.

#### - Les gratifications

Est généralement considérée comme gratification, toute somme versée au salaire en complément du salaire et selon une initiative libérale et unilatérale de l'employeur, sans relation directe avec la prestation de travail fourni dans une circonstance donnée. Il convient de comprendre en l'espèce qu'il s'agit d'un geste purement bénévole, aléatoire et discrétionnaire de la part de l'employeur, trois caractères cumulatifs pour asseoir sa bonté et sa générosité.

Les gratifications que peut octroyer l'employeur sont: le treizième mois, les donations lors des fêtes ou encore à l'occasion de l'anniversaire d'une naissance, d'un mariage…

#### -Les primes

Est considérée comme prime toute somme versée au salarié, sans rémunération directe de la prestation de travail, qui tient compte néanmoins des conditions dans lesquelles le travail est exécuté. Ces conditions peuvent procéder, soit des qualités propres au salarié: prime de rendement, prime de responsabilité, etc., soit des sujétions particulières de sa tâche: prime de salissure, de pénibilité, d'insalubrité, etc.
Certaines primes visent à motiver le salarié: prime de qualité, d'emballage, d'objectifs, etc.; d'autres récompensent sa fidélité: prime d'ancienneté, de fidélité, etc.

Lorsque la prime ou la gratification est versée de manière constante, fixe et générale, elle cesse d'être bénévole et devient un élément nécessaire du salaire[171].

**-Les indemnités**

Les indemnités à proprement parler ne constituent pas un salaire parce qu'elles sont destinées à rembourser des dépenses effectuées : indemnité de déplacement, indemnité de transport, indemnité vestimentaire. Cependant, certaines indemnités sont des substituts de salaire. Il en est ainsi des indemnités journalières servies en cas de maladie professionnelle ou d'accident du travail, rentes, des pensions, etc. Elles remplacent le salaire qui n'est plus dû en l'absence de prestation de travail.

**- Les pourboires**

Les pourboires peuvent être facultatifs ou obligatoires. Ce qui les distingue des gratifications, c'est qu'il s'agit de sommes versées non pas par l'employeur mais par les tiers : la clientèle avec laquelle le travailleur est entré en contact à l'occasion de son travail. Il s'agit d'un geste généreux du client à l'égard du travailleur pour manifester sa satisfaction pour le service rendu. Ils sont qualifiés de libéralité lorsqu'ils sont exceptionnels et ne sont pas exigés par les usages de la profession.

En droit comparé, lorsqu'ils sont prévus par le contrat de travail ou la convention collective applicable et correspondent aux usages de la profession (notamment dans l'hôtellerie, la restauration, les salles de spectacles, etc.), les pourboires deviennent un élément du salaire et obéissent à son régime juridique.

---

[171] Voir dans ce sens, arrêt n° 39/C/AG/2008 du 20 avril 2008 de la Cour suprême de Djibouti, Mahboub Rasolonjatovo/ Etat français représenté par l'Agent judiciaire du Trésor français (inédit).

**- Les commissions**

Le salaire à la commission est une rémunération proportionnelle au chiffre d'affaires réalisé par l'entreprise. Il est le mode de rémunération traditionnel des vendeurs, représentants ou placiers de commerce (VRP), mais elle peut également constituer tout ou partie de la rémunération des autres salariés, qu'ils aient une activité commerciale ou non.

**- les avantages en nature**

Les avantages en nature sont des biens ou services que l'employeur fournit gratuitement ou moyennant une prestation du salarié, inférieure à la valeur réelle. Ils s'ajoutent à la rémunération en espèces et constituent des compléments de salaire. C'est la raison pour laquelle certaines règles d'évaluation leur sont applicables selon les barèmes fiscaux, les conventions collectives ou le contrat de travail, en vue du calcul des cotisations sociales; en cas d'impossibilité d'apprécier la valeur réelle de l'avantage en nature, les juges tendent à évaluer forfaitairement.

Les avantages en nature peuvent être de nature très diverse (logement, nourriture, voiture de service, eau et électricité, etc.). Toutefois, même susceptibles d'être évalués, ils ne peuvent, à eux seuls, constituer un salaire. Celui-ci doit être payé en monnaie ayant cours légal, tout autre mode de paiement étant interdit. Ainsi, un employeur qui ne paie pas le salaire à son chauffeur, au motif qu'il l'héberge, le nourrit et le vêtit, est en infraction vis-à-vis de la loi.

## Section 2-Le paiement du salaire

Le salaire est d'une importance vitale pour le travailleur. Ainsi donc, le législateur a édicté des mesures protectrices pour assurer son paiement (§1) ou garantir les droits du travailleur créancier (§2).

### §1-Les modalités de paiement du salaire

Le Code du travail contient d'innovantes modalités de paiement du salaire destinées à défendre le travailleur contre une inexpérience qui le rendrait particulièrement vulnérable et pourrait l'empêcher de défendre pleinement ses droits en matière de salaire tels qu'ils sont établis par les lois, règlements et contrats en vigueur. Cette protection du travailleur et de son salaire se réalise par trois moyens:

-un bulletin de paie ou un tout document établi selon les procédés modernes de comptabilité doit lui être délivré au moment du paiement du salaire[172]. Ce dispositif permet d'éviter toute contestation et de fonder les réclamations et vérifications éventuelles. Les indications portées sur le bulletin de paie doivent d'ailleurs être reportées sur un livre de paie détenu par l'employeur.

- Ensuite, le travailleur, au moment du paiement du salaire, doit émarger sur une pièce spéciale dressée ou certifiée par l'employeur et s'il est illettré, son empreinte digitale remplace sa signature[173]. Ce dispositif renforce considérablement le précédent puisqu'à la remise d'une pièce justificative par l'employeur au travailleur, elle ajoute un acte personnel du travailleur.

- Enfin, le législateur, a voulu garantir le travailleur contre l'engagement de renoncer à faire valoir ses droits en matière de salaire qu'il pourrait prendre sans réflexion. C'est pourquoi, ni le fait d'accepter sans réserve le bulletin de paie, ni le fait de souscrire la mention "pour solde de tout compte" (c'est-à-dire de reconnaître par écrit qu'il a reçu son dû) ne peuvent l'empêcher d'exercer toutes les

---

[172] Article 149 du Code du travail.
[173] Article 148 du Code du travail.

actions en recouvrement de salaire[174] ou en dommages et intérêts qu'il pourrait s'estimer fondé à exercer[175].

## §2-Les garanties de paiement du salaire

Le salaire est en général le seul moyen de subsistance du salarié et de sa famille; aussi le législateur l'a protégé contre les créanciers de l'employeur (B) et contre les créanciers du salarié lui-même (A).

### *A - La protection du salaire contre les créanciers du salarié*

Le salaire est protégé contre les créanciers du salaire. Ainsi, ces derniers ne peuvent saisir le salaire que partiellement. Cela signifie que les salaires ne peuvent être saisis, mais seulement dans certaines limites et que les portions cessibles ou saisissables du salaire sont de plus en plus élevées au fur et à mesure que le montant du salaire augmente, les bas salaires étant mieux protégés[176].

En toute hypothèse, le créancier doit posséder un titre exécutoire pour pouvoir saisir les sommes dues aux salaires.

---

[174] Ces actions en recouvrement de salaire sont toutefois enserrées dans un délai de prescription d'un an (article 156 du Code du travail).

[175] Article 151 du Code du travail.

[176] C'est le décret n° 55-972 du 16 juillet 1955 relatifs aux saisies-arrêts, cessions et retenues sur les traitements ou salaires des travailleurs visés par l'article 1er de la loi n° 52-1322 du 15 décembre 1952, pris en en application de l'article 108 de ladite loi, complété par le décret n° 57-471 du 8 avril 1957(*JO CFS* 1er septembre 1955, p. 349) qui fixe les fractions cessibles et saisissables. Toutefois, c'est un texte de la Fonction publique (décret n° 83-098/PR/FP du 10 septembre 1983) qui inspire grosso modo la pratique même dans le secteur privé. Ce texte, qui est plus simple, déclare saisissable le tiers de la rémunération totale, calculée toutes indemnités mensuelles incluses, à l'exception des prestations familiales, mais après déduction de retenues prévues au titre de pension de retraite et au titre de logement et ameublement.

### *B-La protection du salaire contre les créanciers de l'employeur*

Les travailleurs sont au service de l'entreprise, mais ne sont associés ni à sa gestion ni à son profit; ils ne doivent donc en subir les risques.

En cas d'insolvabilité de l'employeur, étant donné le caractère alimentaire du salaire, il importe d'accorder aux travailleurs un certain "privilège" sur les biens de l'employeur: meubles et subsidiairement les immeubles selon les Codes civil et de commerce, lorsque l'employeur doit en même temps que les salaires, payer ses autres créanciers et qu'il ne dispose pas suffisamment de moyens financiers pour s'acquitter de toutes ses dettes.

Ce privilège accordé par le législateur au salarié lui permet d'avoir par rapport aux autres créanciers de l'employeur une préférence dans l'ordre des paiements. Le salaire sera payé avant que les sommes dont dispose l'employeur ne soient réparties entre les autres créanciers, proportionnellement au montant de la créance de chacun.

Il existe en matière de salaire plusieurs privilèges en faveur des salariés qui peuvent se regrouper en: privilège général et en super privilège.

**- le privilège général**

Le privilège général est "un droit que la qualité de la créance donne à un créancier d'être préféré aux autres créanciers, même hypothécaires"[177]. Les salaires bénéficient d'un privilège général qui s'exerce, sans voir été publié, dans l'ordre de préférence prévu par l'article 2331 du Code civil djiboutien. Il vient au 4ème rang après les privilèges des frais de justice, des frais funéraires et de dernière maladie.

[177] Article 2297 du Code civil djiboutien.

Toutefois, le privilège général ne garantit pas tous les salaires arriérés dus par l'employeur. Il ne garantit que les salaires acquis pendant les six derniers mois qui précèdent la décision d'ouverture d'une procédure collective en vertu de l'article 2231 alinéa 4 du Code civil.

Les salaires privilégiés ne sont donc payés aux travailleurs que s'il subsiste des fonds après que les trois autres créances privilégiées qui priment les salaires aient été honorées. Les salariés risquent donc de ne rien percevoir. Pour éviter cela, le législateur est intervenu pour accorder au travailleur un super privilège sur les créances de salaires.

**-Le super privilège**

L'article 153 du Code du travail dispose que « la créance de salaire et autres créances du travailleur relevant de la relation de travail bénéficient d'un privilège préférable à tous les autres privilèges généraux ou spéciaux en ce qui concerne la fraction insaisissable dudit salaire ».

Cette fraction insaisissable du salaire doit donc être payée au salarié quelles que soient les dettes de l'employeur et quels que soient ses créanciers (Trésor public, justice, etc.) dès lors que les fonds existent.

Le Code de commerce améliore la position des salariés dans l'ordre de préférence lors de la distribution des deniers. Son article L. 4244-1 précise que « les créances résultant d'un contrat de travail sont garanties, en cas de redressement ou de liquidation judiciaire par le privilège des salaires établi pour les causes et le montant définis par la législation du travail et les dispositions relatives aux sûretés ». Outre le rang dans l'ordre de préférence, les créances de salaires bénéficient d'une procédure accélérée de paiement qui augmente l'intérêt du super privilège. Pour assurer le règlement effectif des créances super privilégiées, le syndic ou le liquidateur doit payer les créances des travailleurs dans les dix jours qui suivent la liquidation judiciaire, sur simple décision du juge commissaire. Si les fonds ne sont pas suffisants, les créances des travailleurs doivent être acquittées sur les premières rentrées de fonds avant toute autre créance[178].

[178] Article L. 4244-2 du Code de commerce.

# Chapitre 13- La grève

Avant d'être admise, la grève a successivement été considérée en France comme un délit pénal, comme le signe d'une volonté du salarié de résilier le contrat, et comme une faute contractuelle permettant à l'employeur de rompre le contrat. Il a fallu toute la force d'une reconnaissance constitutionnelle pour que le droit de grève soit enfin protégé (Préambule de la Constitution du 27 octobre 1946, alinéa 7). Cette reconnaissance constitutionnelle s'est accompagnée d'une réglementation légale, assez parcellaire, issue principalement de la loi du 11 février 1950. A cette consécration dans le droit interne, fait écho à la même époque une reconnaissance du droit de grève dans l'ordre international. Le droit de grève est prévu par le Pacte international relatif aux droits économiques, sociaux et culturels de 1966 et par la convention n° 87 de l'OIT de 1948[179].

En Afrique, durant cette époque, tout conflit de travail déclenché par les Africains est considéré *a priori* par l'Administration comme un mouvement politique, une manifestation d'allure insurrectionnelle. Comme tel il justifie, dans l'esprit de certaines autorités locales, des mesures répressives et, pour le moins, un refus de principe opposé aux desiderata présentés. Il est rare que l'on prenne en considération objectivement les mobiles sérieux qui ont occasionné le conflit.

Il faudra attendre avec le Code de 1952 pour que les avancées législatives enregistrées en fait de grève en métropole commencent à déteindre sur l'organisation du droit de grève dans les colonies. Ce

[179] Sans mentionner expressément le droit de grève, la convention n° 87 affirme le droit des organisations de travailleurs et employeurs auxquelles elle reconnaît pour but " de promouvoir et de défendre les intérêts des travailleurs ou des employeurs" (article 10), "d'organiser leur gestion et leur activité et de formuler des programme d'action" (article 3-1). Sur la base de ces dispositions, deux organes du système de contrôle, le Comité de la liberté syndicale (depuis 1952) et la Commission d'experts pour l'application des conventions et recommandations (depuis 1959) ont réaffirmé, à maintes reprises, que le droit de grève est un droit fondamental des travailleurs et de leurs organisations.

Code dont l'application sera entourée d'une vague de grèves, un peu partout en Afrique française[180] consacre un titre VII sur les différends du travail. Certes, le législateur de 1952 tient compte avec réalisme du fait de grève mais pour éviter un recours excessif de la grève, qui peut léser l'intérêt général, il la subordonne à l'épuisement d'une procédure assez complexe de règlement[181].

Lors de l'indépendance, les nouvelles autorités djiboutiennes reconduisent le Code de 1952, notamment ses dispositions relatives au règlement des conflits collectifs. Dans le même temps, les mouvements de grève sont bannis en raison de leur incompatibilité supposée ou non avec l'impératif de construction nationale et avec l'instrument de ce dernier : le parti unique.

La première Constitution de la République de Djibouti (septembre 1992) consacre les droits et libertés mis en veilleuse sous le régime du parti unique, notamment le droit de grève s'exerçant "dans le cadre des lois qui le réglementent"[182]. Toutefois, on ne retrouve pas dans cette Constitution d'autres normes relatives à la grève et définissant ses éléments constitutifs et son régime juridique. C'est naturellement vers le Code du travail de 2006 qu'il faut se tourner. Or, mise à part une procédure de règlement détaillée, le législateur djiboutien fait preuve d'une grande discrétion en ce qui concerne l'exercice de la grève.

---

[180] En ce qui concerne la CFS, on peut citer les grèves de 1953-1956. Les revendications des grévistes portaient essentiellement sur les classifications, les salaires et les allocations familiales. Le salaire minimum était « indexé sur le coût de la vie qui tenait compte de douze produits de base essentiellement consommés par les autochtones » (*Cf.* not. Dubois, C., Dubois, C., Djibouti, « 1888-1967. Héritage et frustration? », éd. L'Harmattan, Paris 1997 p. 304).

[181] Le décret n° 55-567 du 20 mai 1955 tendant à modifier la loi n° 52-1322 du 15 décembre 1952 instituant un code du travail dans les territoires et territoires associés relevant du ministre de la France d'outre-mer, en ses dispositions des articles 48, 94, 116, 124, 125, 209 à 218 (JORF n° 826 du 17 juin 1955, p. 273) simplifia toutefois cette procédure.

[182] Article 15 de la Constitution.

Quoi qu'il en soit, seul un mouvement répondant à la définition juridique de la grève (Section 1) et dans le respect de la procédure décrite par le Code du travail (Section 2), permet aux salariés de bénéficier d'un régime, plutôt protecteur, qui lui est attaché (Section 3). L'existence d'une grève ne laisse pas cependant l'employeur sans réponses (Section 4).

## Section 1 - La définition juridique de la grève

La définition juridique de la grève est donnée par l'article 188 du Code du travail. Ce dernier définit les conditions d'existence de la grève (§1). Les mouvements qui répondent à lesdites conditions confèrent aux salariés le régime particulier de la grève. Si les salariés ont le malheur de sortir des clous fixés par le droit, leur action n'est plus une grève (§2).

### § 1 - Les conditions d'existence de la grève

Quatre conditions doivent être cumulativement réunies pour qu'il y ait grève

a) un arrêt de travail, même de courte durée

Le travail peut être interrompu soit quelques jours, soit quelques heures seulement. Ainsi, un mouvement de protestation des travailleurs, traduit par exemple par une réduction volontaire de rendement, un accomplissement de certaines tâches, n'est pas une grève.

b) un mouvement collectif

Peu importe que les grévistes soient nombreux. Un pourcentage minimum, à partir duquel on considérera qu'il y a cessation collective du travail, n'est pas nécessaire. Bien évidemment, la cessation individuelle du travail ne saurait constituer une grève, à moins que le salarié concerné ne veuille se joindre à un mouvement national ou qu'il soit le seul salarié de l'entreprise[183].

c) un mouvement concerté

La grève, pour être licite, doit être précédée par une concertation entre les salariés. Généralement, le mot d'ordre est donné par un meneur ou une organisation syndicale.

d) la satisfaction de revendications professionnelles

La grève, pour être licite, doit servir à soutenir des revendications professionnelles. Le caractère professionnel des revendications est largement compris: une augmentation des salaires, la réduction du temps de travail mais aussi la contestation de la politique commerciale menée par l'entreprise; en somme, tout ce qui touche au travail et aux relations avec l'employeur.

C'est d'ailleurs autour de cette appréciation assez large que les principales disputes judiciaires se sont nouées. Elles ont porté sur les limites de la grève, notamment la licéité d'un certain nombre de mouvements de protestation.

### §2-Les limites de la grève

La grève n'est pas un droit absolu de sorte que certaines restrictions ont pu être apportées. En effet certains types de grèves sont prohibés:

-La grève exclusivement politique est illicite. La grève est politique lorsqu'elle est détournée de sa fin sociale et s'immisce dans l'exercice des actes réservés à la puissance publique faussant ainsi le jeu des institutions professionnelles. Toutefois, comme une grève nationale

[183] Cour de cassation française, chambre sociale, 13 novembre 1996.

contre des mesures du Gouvernement comporte bien souvent des revendications sociales et professionnelles, elle sera permise.

-la grève de solidarité: elle se présente comme une manifestation de soutien aux salariés d'autres entreprises déjà en grève. Ici, également, l'intérêt collectif professionnel doit être en cause, avec cessation concertée au travail; sinon, l'on est en droit de se demander si les salariés qui militent pour les intérêts d'autrui poursuivent un but professionnel, notion fondamentale sur laquelle est fondée la grève légitime. Ainsi, une grève de solidarité, ayant pour objet la défense d'un salarié sanctionné ou licencié pour des raisons strictement personnelles, n'ayant aucun lien avec les conditions de travail des autres salariés, n'est pas licite.

- Toute grève ayant pour but de désorganiser l'entreprise est illicite. En revanche, celle visant à la désorganisation de la production de l'entreprise (grève tournante) est possible. Mais, si elle aboutit à désorganiser l'entreprise même, elle est considérée comme illicite.

Parce que justement la grève peut attenter au fonctionnement de l'entreprise, faire tache d'huile par des mouvements de solidarité et ainsi, compromettre l'économie du pays, voire sa stabilité politique, le législateur djiboutien la soumet à une procédure de règlement avant tout déclenchement de grève.

## Section 2-La procédure de règlement du conflit collectif

Le Code du travail de 2006 prévoit deux modes de règlement du conflit collectif : la conciliation (§1) et l'arbitrage (§2)

### §1-La conciliation

Tout conflit collectif doit immédiatement être notifié à l'inspecteur du travail du ressort, ou au Directeur du travail si le différend s'étend à plusieurs inspections locales du travail. Il s'agit donc d'une formalité obligatoire. En effet, sans elle, aucune procédure ne peut en principe être déclenchée[184].

Toutefois, compte tenu de graves conséquences surtout économiques de la grève, la Direction du travail intervient souvent directement dans les conflits collectifs, en dehors de toute saisine.

Quoi qu'il en soit, une fois saisi, le service compétent du travail convoque sans délai les parties pour une tentative de conciliation[185].

Si une des parties ne comparaît pas ou ne se fait pas valablement représenter, elle encourt une amende[186].
En cas de succès, un procès-verbal de conciliation, rédigé et signé par le service compétent du travail et les parties, consacre le règlement à l'amiable du litige. Cet accord de conciliation devient exécutoire du jour du dépôt au greffe du Tribunal du travail[187].

En cas d'échec, le différend est obligatoirement soumis par le service compétent du travail, à la procédure d'arbitrage dans un délai de huit jours francs[188].

## §2-L'arbitrage

L'arbitrage des conflits de travail non réglés par la conciliation est assuré par un conseil d'arbitrage composé en plus de son Président désigné sur proposition du ministre chargé du Travail, d'un magistrat de la Cour d'appel et du Président du Tribunal du travail du ressort[189].

---

[184] Article 177 du Code du travail.
[185] Article 178 du Code du travail.
[186] Article 291 du Code du travail.
[187] Article 179 du Code du travail.
[188] Article 180 du Code du travail.
[189] Article 181 du Code du travail.

Le conseil d'arbitrage dispose de larges pouvoirs d'investigation. Ainsi, il peut:

- s'informer de la situation économique des entreprises et de celle des travailleurs;
- procéder à toutes enquêtes auprès des entreprises et requérir la production de tout document ou renseignement d'ordre économique, comptable, financier, statistique ou administratif, susceptible de lui être utile pour l'accomplissement de sa mission;
- recourir aux offices d'experts et à toute personne susceptible de l'éclairer.

En ce qui concerne les points du litige, le Conseil d'arbitrage est lié par le procès-verbal de non-conciliation; il ne peut statuer sur d'autres objets[190].

Cependant, le Code du travail de 2006 ne fixe pas de délai au Conseil d'arbitrage pour se prononcer sur les différends sur lesquels il est saisi. Si ce défaut d'indication de délai semble se justifier au regard des conflits dits complexes, il a l'inconvénient de pousser à la hausse le délai moyen de règlement de conflits dénués de toute complexité. Enfin, le fait que ce même code n'indique pas si une grève déclenchée par suite d'une opposition à une sentence arbitrale (en application de l'article 84 du Code du travail) est licite ou non ajoute de la confusion à une procédure déjà complexe.

Au-delà de ces lacunes juridiques, on relève le caractère inopérant de cette procédure de règlement des conflits collectifs. En effet, ce n'est souvent qu'après le déclenchement du conflit collectif que les intéressés se réunissent autour de la table de la négociation.

---

[190] Articles 182 et 183 du Code du travail.

## Section 3- Les conséquences de la grève

Les conséquences de la grève varient selon qu'il s'agit d'un exercice régulier (§1) ou irrégulier de la grève (§2).

### §1-En cas d'exercice régulier de la grève

Si elle est déclenchée conformément à la définition juridique et dans le respect de la procédure décrite ci-dessus, la grève ne rompt le contrat de travail, mais le suspend. Le Code du travail précise que la grève ne rompt pas le contrat de travail, "sauf lourde du travailleur". Cela signifie qu'en dehors du cas de commission de faute lourde, l'employeur ne peut pas sanctionner le salarié qui exerce normalement le droit de grève.

Comme il ne travaille pas, le salarié n'est pas payé pendant la grève. Le non-paiement du salarié est le résultat de l'application du mécanisme de l'exception d'inexécution. La perte du salaire doit néanmoins demeurer strictement proportionnelle à l'arrêt de travail.

### §2-En cas d'exercice irrégulier de la grève

La grève engagée en contravention des règles légales (de fond et de procédure) peut entraîner pour les travailleurs grévistes "la rupture du contrat de travail du jour de la cessation de travail, sans autres droits que le salaire et l'indemnité de congés payés acquis à cette date"[191]. Concrètement, cela signifie la perte des droits à indemnités de préavis et dommages et intérêts que le travailleur pourrait faire valoir en cas de rupture abusive de contrat de travail puisqu'il rompt lui-même le contrat du fait de la grève. C'est ce que confirme un vieux jugement du Tribunal de Djibouti rendu sous le visa de l'article 218 bis du Code de 1952, (devenu l'article 190 du Code de 2006). Il a été jugé, en

---

[191] Article 189 du Code du travail.

l'espèce, qu' « une grève illégale sans requête préalable aux procédures de règlement pacifique de différends est illégale et entraîne la perte du droit au préavis et de l'indemnité de licenciement et rend le licenciement légitime »[192].

## Section 4-Les réponses de l'employeur

L'employeur n'est pas laissé démuni face aux grévistes. Le droit lui laisse une marge de manœuvre, certes relative, pour réagir et ainsi tenter d'atténuer voire d'anéantir les effets de la grève : il s'agit de la poursuite de l'activité (§1) et du lock-out (§2).

### §1-La poursuite de l'activité

Il est interdit à l'employeur, pour remplacer les grévistes, de recourir à des travailleurs intérimaires[193] ou à l'embauche de salariés sous CDD[194]. Mais il peut augmenter la charge de travail des non-grévistes dans les limites autorisées[195] ou les affecter à un autre poste s'ils acceptent la modification du contrat de travail[196].

Enfin, si la grève est sur le tas, c'est-à-dire sur les lieux de travail, l'employeur peut invoquer l'atteinte à son droit de propriété et à la liberté de travail des non-grévistes pour demander au président du Tribunal du travail une ordonnance de référée d'expulsion des grévistes[197].

---

[192]Tribunal de Djibouti du 25 mars 1968, TPOM, n° 255 du 16 avril 1969.
[193] Article 36 du Code du travail.
[194] L'article 12 du Code du travail ne formule pas, à l'instar de l'article 36, cette interdiction expresse mais le fait que ne soit mentionnée dans les cas de recours au CDD, la possibilité d'embaucher en remplacement de salariés grévistes e nous amène à conclure à une telle interdiction.
[195] Article 87 du Code du travail.
[196] Article 63 du Code du travail.
[197] Articles 174 et 175 du Code du travail.

**§2-Le lock-out**

On désigne sous le nom anglais de lock-out la décision de l'employeur de fermer temporairement les portes de son entreprise lors d'une grève. On en distingue plusieurs selon le moment et/ou de l'objectif de la fermeture.

Le lock-out est illicite lorsqu'il est préventif ou lorsqu'il constitue un moyen de pression à l'égard des grévistes. Une telle illicéité s'explique par le fait que l'employeur est obligé de recourir à la procédure de règlement des conflits au lieu de répondre à la menace d'une grève par une fermeture[198].

En revanche, bien que le Code du travail ne le précise, le lock-out est licite lorsqu'il est justifié par la nécessité d'arrêter l'activité (cas de force majeure entraînant une impossibilité de fonctionnement, raisons de sécurité).

Enfin, le lock-out légal a pour effet de suspendre le contrat de travail. S'il est illicite, l'employeur encourt les sanctions suivantes :

- le paiement aux travailleurs des journées de salaires perdues de ce fait;
- pendant au moins trois ans, l'inéligibilité aux fonctions de membre des chambres de commerce et l'interdiction de participer, sous une façon quelconque, à une entreprise de travaux ou à un marché de fournitures pour le compte de l'Etat ou d'une collectivité publique. L'inéligibilité est prononcée par le juge de droit commun à la requête du ministre du Travail[199].

---

[198] Article 190 du Code du travail.
[199] Idem.

# Chapitre 14- L'Inspection du travail

L'expérience des premières lois relatives au travail en France révéla les limites de toute réglementation non suivie d'un contrôle, et concomitamment la nécessité de créer une institution spécifique chargée de ce contrôle: l'Inspection du travail. Elle est née en 1874 et les bases de son organisation et de ses compétences ont été jetées en 1892.

Dans les territoires d'outre-mer, les fonctions d'inspecteur du travail ont d'abord été assurées par des inspecteurs des affaires administratives ou par des fonctionnaires spécialement commissionnés par les gouverneurs, chefs du territoire. Il n'y a pas alors de service d'inspection du travail spécial de sorte qu'il existe à cette époque une confusion entre les fonctions de gestion et celles de contrôle.

Cette situation entraînait une double dépendance. D'abord, il n'y avait pas d'autonomie des fonctionnaires en charge de l'inspection qui restaient étroitement subordonnés aux chefs du territoire, contrairement à ce qui se produisait en métropole. En même temps, ces fonctionnaires ne possédaient aucune formation, ni aucune expérience spéciale de nature à les qualifier pour contrôler l'application de la législation du travail. Ensuite, la législation du travail dans les colonies était essentiellement composée de textes pris par les autorités locales. Les gouverneurs avaient dans ce domaine un pouvoir réglementaire. Par conséquent, l'administration contrôlait des textes qu'elle avait elle-même produits et qui pouvaient diverger d'un territoire à un autre[200].

La conférence de Brazzaville (du 30 janvier au 8 février 1944) recommanda la création d'un corps spécialisé de l'Inspection du travail dépendant du ministère des colonies. La concrétisation de cette

[200]Renucci, F., L'inspection du travail et le droit en Afrique francophone au XXe siècle. S. El Mechat " Les administrations coloniales (XIXe-XXe siècles). Esquisse d'une histoire comparée, PUR, 2009, pp. 253-263.

recommandation aboutit à l'adoption du décret du 17 août 1944 instituant le corps des inspecteurs du travail aux colonies rattachées directement au ministère, indépendant des autorités coloniales et recruté à partir des années 50 par la section sociale de l'École Nationale de la France d'Outre-mer.

Le Code du travail de 1952 maintint les services de l'inspection du travail en élargissant leurs attributions et indépendance. Il ne limita pas l'inspection du travail au seul contrôle des conditions d'emploi mais lui confia aussi des tâches de conception, de coordination et de gestion. Pour rendre compte de la portée de ses attributions, le cadre prit l'appellation d'Inspection du travail et des lois sociales.

Devenue indépendante, la République de Djibouti conserva la dénomination d'Inspection du travail et des lois sociales (ITLS). Ni les différentes lois intervenues depuis lors et portant sur l'organisation du Ministère du travail, ni le Code du travail de 2006 n'apportèrent de modification à la structure et aux attributions de l'Inspection du travail. Toutefois, ce statu quo a toujours souffert d'un déficit de moyens financiers et humains ne permettant pas une réelle efficacité de l'Inspection du travail.

Pour tenter de remédier à cette carence des moyens, les autorités publiques adoptèrent récemment la loi n° 25/AN/18/8ème. L du 27 février 2019 portant réorganisation du Ministère de l'Emploi, de l'Insertion et de la Formation Professionnelle. Comme son intitulé l'indique, cette loi réorganise l'ITLS tant sur le plan de son organisation (Section 1), de ses missions (Section 2) et du constat des infractions (Section 3).

## Section 1 - L'organisation de l'Inspection du travail et des lois sociales

L'ITLS n'est pas un corps autonome mais fait partie intégrante du ministère du travail chargé de la réforme de l'administration. Il existe actuellement une seule ITLS située à Djibouti-ville et ce en dépit des prévisions gouvernementales visant à la créer dans les régions de l'intérieur. Elle est dirigée par un inspecteur général du travail et des lois sociales ayant, selon les termes de la loi du 27 février 2019 précitée, le rang d'inspecteur général d'État. Les autres inspecteurs du travail et des lois sociales sont pourvus, quant à eux, du rang d'inspecteur d'État.

Les inspecteurs du travail et des lois sociales sont assistés dans leurs tâches par les contrôleurs du travail et des lois sociales avec lesquelles ils se répartissent les missions afférentes à leurs fonctions.

Les inspecteurs du travail sont soumis au principe hiérarchique: comme tout fonctionnaire, ils doivent obéir à leur hiérarchie. Mais cette soumission est tempérée par l'indépendance qui leur est reconnue par l'article 6 de la convention n° 81 de l'OIT. De ce principe d'indépendance, il découle que les inspecteurs du travail sont maîtres du choix des entreprises qu'ils contrôlent et des conséquences à donner à ce contrôle (du simple avertissement oral au procès-verbal transmis au procureur de la République)[201]. Mais cette indépendance est souvent entravée par diverses causes: stratégies d'intimidation patronale, pressions hiérarchiques, modicité des moyens matériels.

## Section 2-Les missions de l'Inspection du travail et des lois sociales

L'ITLS assure diverses missions prévues par les conventions et les recommandations internationales, la législation nationale et ses textes d'application : information du ministère (§1), conseil des employeurs et des salariés (§2), contrôle de l'application des lois et des règlements (§3), conciliation en cas de conflits de travail (§4).

[201] Article 17-1 de la Convention n° 81 de l'OIT.

### §1-L'information du ministère

La loi du 27 février 2019 précitée dispose en son article 14 que l'ITLS procèdent à " toutes études sur les relations de travail, ainsi que sur les questions en rapport avec les missions et les activités des services des inspecteurs du travail".

La présence des inspecteurs du travail et des lois sociales dans les divers organismes, les visites des entreprises... qui leur permettent d'être en contact avec les différents partenaires du monde du travail les renseignent sur l'état des relations de travail; leurs enquêtes et études ont pour but d'informer le ministre du travail, chargé de la réforme de l'administration.

### §2-Le conseil des employeurs et des salariés

Ce rôle de conseil de l'ITLS est primordial dans un pays comme Djibouti où la culture du dialogue est ancrée dans les mœurs sociales.

À l'égard des travailleurs et des militants syndicalistes, ce rôle de l'ITLS sera de les ramener à admettre que seul un climat social serein pourra leur permettre de voir leur niveau de vie s'élever.

### §3-Le contrôle de l'application de la réglementation du travail

Ce contrôle est la mission classique de l'ITLS: du point de vue des règles de droit, l'inspection doit assurer leur application.

Ce contrôle englobe tous les aspects de la réglementation sociale:

-l'hygiène, santé et sécurité au travail;
- l'emploi (déclaration d'ouverture ou de fermeture d'établissement, situation de la main-d'œuvre, réorganisation de l'entreprise, compression du personnel, etc.)

- la durée du travail (affichage de l'horaire, horaire individualisé, repos hebdomadaire, congés annuels);
- le fonctionnement des institutions représentatives du personnel
- le contrat de travail (respect des salaires en vigueur, modalités relatives au recours et à la rémunération des heures supplémentaires, retenues sur salaire, interdiction des amendes pécuniaires, etc.);
-l'application des conventions collectives;
-les conditions d'emploi des jeunes;

Afin de permettre à l'inspecteur du travail et des lois de mieux suivre l'application de la réglementation, le Code du travail l'autorise :

- à interroger, soit seul, soit en présence de témoins, l'employeur ou le personnel de l'entreprise sur toutes les matières relatives à l'application des dispositions légales et réglementaires;
-à demander communication de tous livres, registres et documents dont la tenue est prescrite pat la législation relative aux conditions de travail, en vue d'en vérifier la conformité avec les dispositions légales ou réglementaires et de les copier ou d'en établir des extraits;
-à exiger l'affichage des avis dont l'apposition est prévue par les dispositions légales ;
- à prélever et à emporter, aux fins d'analyse, des échantillons des matières et substances utilisées ou manipulées, pourvu que l'employeur ou son représentant soit averti que les matières ou substances ont été prélevées et emportées en vue d'en connaître la composition et les effets sur l'organisme humain[202].

---

[202] Un rapport d'étude publié par l'Organisation internationale du travail (OIT) en 2014 fait état de 375 000 décès chaque année des expositions aux substances chimiques sur le lieu de travail. Soit plus de 1000 morts par jour dans le monde. Bien que les inspecteurs du travail soient autorisés à opérer des prélèvements de substances, qu'elles soient chimiques ou autres, cette faculté n'est quasiment pas utilisée, l'ITLS n'étant pas équipée pour procéder aux analyses. Il est recommandé de solliciter l'expertise des organismes agrées à cet effet; mais ici se présente l'obstacle de l'absence de dotations budgétaires, l'expertise ne pouvant guère être acquise gratuitement.

### *§4-La conciliation*

La conciliation, comme l'indique son sens premier, vise à trouver un *gentleman' s agreement,* un terrain d'entente entre les parties, soit en faisant respecter strictement les dispositions légales ou réglementaires, soit en tranchant en équité lorsque les parties auront fait des concessions réciproques. Elle est organisée différemment selon qu'on est en présence d'un conflit individuel ou d'un conflit collectif de travail.

- **Les conflits individuels**

Ce sont ceux qui opposent un individu à son employeur pour la défense d'un intérêt particulier. La conciliation est une étape préalable facultative[203] avant la saisine des juridictions pour le règlement des conflits individuels de travail : appréciation des horaires de travail, d'une sanction disciplinaire, de la régularité d'une rémunération, etc.

Le règlement à l'amiable du conflit est matérialisé par un procès-verbal signé par les deux parties; il met fin au litige et aucune des parties ne peut saisir le juge pour le même objet après avoir signé le procès-verbal d'accord.

Dans l'hypothèse, où le procès-verbal conclut à un désaccord, le litige est transmis au Tribunal du travail.

---

[203] En cas de conflit individuel, le caractère facultatif du recours à la conciliation de l'ITLS est prévu par l'article 159 du Code du travail qui dispose que " tout travailleur ou tout employeur pourra demander à l'Inspecteur du travail le règlement à l'amiable". Cette disposition libérale est quelque peu contredite par l'article 165 du même Code qui semble conditionner la saisine du tribunal du travail par la production du procès-verbal de non-conciliation établi par l'Inspecteur du travail. Mais la Cour de suprême considère que le non-respect de la formalité prévu par l'article 159 n'interdit pas aux parties de saisir par la suite le juge (arrêt n° 206/C/AG/11 de la Cour suprême de Djibouti du 29 décembre 2011, Société Employment Agency of Djibouti/Mohamed Abdi Ahmed (inédit)). Voir dans le même sens arrêt n° 192/S/AG/16 de la Cour suprême de Djibouti Entre Djama Ali et consorts/ Ambassade des Etats-Unis du 20 décembre 2016 (inédit).

- **Les conflits collectifs**

Ce sont ceux qui opposent un employeur ou un groupe d'employeurs à un groupe de travailleurs. Ils se caractérisent, selon l'article 176 du Code du travail, par "la nature collective de l'intérêt en jeu"[204]. Tout conflit de cette nature doit d'abord être soumis à l'Inspection du travail du ressort ou à la Direction générale du travail si plusieurs inspections sont concernées. Lorsque l'Administration du travail réussit à amener les parties à un accord, le procès-verbal de conciliation signé des parties est déposé au greffe du tribunal du travail. Le dépôt lui confère la force exécutoire et l'accord devient applicable aux parties à compter du jour où le conflit a été notifié à l'Administration du travail.

Si la conciliation échoue, le recours à l'arbitrage devient de droit, pour les conflits collectifs.

## Section 3- Le constat des infractions

Lorsque l'inspecteur découvre une infraction, il dispose d'un large éventail de sanctions

- **Les avertissements/conseils :**

L'inspecteur du travail qui constate une infraction peut adresser des avertissements/conseils à l'employeur, pratique prise en compte implicitement par le dernier alinéa de l'article 196 du Code du travail ; ces avertissements ou conseils constituent des rappels, des indications de non-conformité à la réglementation et des solutions pour y remédier. Ils sont généralement verbaux et récapitulés, si nécessaire, dans un courrier.

[204] En revanche, la juxtaposition d'intérêts individuels ne rend pas nécessairement le collectif de même que la simple référence à une à une convention collective ne suffit pas pour donner au litige un caractère collectif, celui-ci restant individuel car relatif à l'inexécution d'une obligation découlant du contrat liant les salariés à l'employeur (arrêt n° 20/C/AG/11 du 16 janvier 2011 de la Cour suprême de Djibouti, entre Collectif de salariés/ Entreprise Limobco).

- **Les mises en demeure:**

Lorsqu'il constate que ses avertissements/ conseils ne sont pas suivies d'effets, ou lorsqu'il relève des manquements graves à la réglementation, l'Inspection du travail peut adresser une mise en demeure à l'employeur concerné. La mise en demeure indique les infractions relevées et le délai accordé. L'employeur dispose alors de ce délai pour remédier à la situation défectueuse et se conformer à la réglementation.

- **Les procès-verbaux d'infraction**

Si, à l'expiration de ce délai, rien n'a été fait, l'inspecteur du travail dresse immédiatement un procès-verbal d'infraction. Ce document, par lequel l'inspecteur du travail peut constater les infractions à la loi, fait foi jusqu'à la preuve contraire et ouvre la voie à une action judiciaire contre les auteurs d'infractions[205].

L'inspecteur doit alors poursuivre directement les délinquants en justice et soutenir l'accusation devant le tribunal avec la collaboration et l'appui du magistrat du ministère public, chargé au premier chef d'exercer cette même action. Véritable innovation révolutionnaire, la prérogative de poursuivre directement en justice, devant la juridiction compétente, les auteurs d'infractions sociales confèrent aux inspecteurs du travail un droit de citation directe devant les tribunaux et ne fait pas de doute sur leur fonction de magistrat social.

- **La prescription de l'arrêt des travaux:**

Il peut arriver qu'au cours de la visite technique, l'inspecteur constate une défectuosité dans une installation, une trop grande concentration d'émanations suffocantes ou de méthodes de travail lui donnant un motif raisonnable de les considérer comme un danger grave et

---

[205] Article 196 du Code du travail.

imminent pour la sécurité et la santé des travailleurs. En ces cas, la convention n° 81 sur l'inspection du travail ratifié par la République de Djibouti accorde à l'inspecteur le pouvoir d'ordonner des mesures immédiatement exécutoires tendant à éliminer le danger telle que: mise hors service, immobilisation, saisie des matériels, machines, dispositifs, produits ou autres.

# Chapitre 15- Les syndicats

À l'origine, le syndicalisme a pu paraître étranger dans ses conceptions et ses moyens d'action, aux sociétés africaines qui ignoraient le salariat ou ne le connaissaient que sous la forme de versements et d'échanges en nature, selon des équivalences fixées par un usage lointain, écartant toute possibilité de révision. Cependant, l'industrialisation et les formes modernes du travail vont progressivement conduire les travailleurs à créer des organisations syndicales.

C'est après 1918 que se dessinent les premières tentatives d'expression des revendications de travail avec la constitution de sociétés d'entraide dont l'un des buts officieux est la défense professionnelle. Sous la dénomination d'amicales, des Africains se regrouperont en associations déclarées avec l'approbation des autorités locales, conformément aux articles 291 à 294 du Code pénal, abrogés en France par la loi de 1901, mais alors restés en vigueur dans les colonies. Sur l'initiative plus ou moins directe de ces sociétés, durant l'entre-deux-guerres, des conflits de travail se déclencheront un peu partout dans les colonies françaises. Des mesures répressives et, pour le moins, un refus de principe seront opposés à ces conflits de travail par l'Administration coloniale.

La loi métropolitaine du 21 mars 1884, sur la liberté syndicale[206] est promulguée aux colonies dès 1920. Mais seuls en profitent les travailleurs de statut français. Le décret du 11 mars 1937[207] modifié le 12 juillet 1939[208], eut pour effet d'étendre le bénéfice de la liberté

---

[206] Loi du 21 mars 1884 dite Waldeck-Rousseau relative aux syndicats professionnels, JORF du 22 mars 1884, p. 1577.

[207] Décret du 11 mars 1937 portant sur les conditions d'application de la loi du 25 février 1927 en AOF des titres et III du livre III du Code du travail, relatives aux syndicats professionnels, JORF du 11 mars 1937, p. 3187.

[208] Décret du 12 juillet 1939 portant sur les conditions d'application à l'AOF des dispositions des titres I et III du livre III du Code du travail, relatives aux syndicats professionnels, JORF du 23 juillet 1939, p. 9355.

syndicale aux indigènes sujets français d'Afrique-Occidentale française (AOF). L'une des dispositions de ce texte réglementaire prescrivait que pour être membre d'un syndicat professionnel, le travailleur devait être titulaire du certificat d'études primaires. Le décret du 7 août 1944[209], qui marque dans ce domaine l'évolution d'esprit traduite dans les recommandations de la conférence de Brazzaville, autorise la création de syndicats professionnels dans toute l'Afrique continentale française et fixe l'objet et la capacité des syndicats dans des limites proches de celles reconnues en métropole. Cependant, il maintenait l'exigence de la possession du CEP pour les dirigeants syndicaux et de plus soumettait les organisations, à l'obligation de communiquer chaque année, dans un délai fixé, le bilan de leur situation financière au Procureur de la République.

Il faudra attendre le Code du travail des territoires d'outre-mer de 1952 pour que naisse un droit syndical intégral c'est-à-dire expurgé de toutes restrictions. À la faveur de ce mouvement législatif, le syndicalisme commence à se développer dans les colonies françaises. La Côte française des Somalis (CFS) n'est pas en reste: les syndiqués augmentent à partir des années 50 en nombre et se repartissent durant les années soixante entre deux grandes organisations: l'Union des syndicats Force ouvrière et l'Union des syndicats indépendants autonomes (USIA). Cette dernière dirigée un temps par Mahmoud Harbi jouera un rôle de premier plan dans la conquête de la souveraineté nationale[210]. La formidable mobilisation indépendantiste des 25 et 26 août 1966, à l'occasion de la venue du Général Charles de Gaule, n'aurait pas été réussie si elle n'avait pas eu pour fer de lance, outre les jeunes, les travailleurs comme ceux de l'USIA aguerris à l'action de masse.

---

[209] Décret du 7 août 1944 instituant des syndicats professionnels en AOF, en AEF, au Cameroun, au Togo et en Côte française des Somalis, JORF du 17 août 1944, p. 720.

[210] Coubba, A., Mahmoud Harbi (1921-1960). Un nationaliste djiboutien, éd. L'Harmattan, 2014, 284 p.

Ayant donc joué un rôle déterminant pour l'indépendance, en étroite collaboration avec les partis politiques, les syndicats djiboutiens pensaient que l'indépendance allait non seulement leur garantir plus de libertés dans l'action syndicale, mais aussi promouvoir le développement et par-là même, l'amélioration des conditions de vie et de travail de leurs adhérents. Toutefois, une fois l'indépendance acquise, le traditionnel "impératif de construction nationale"[211] fait des syndicats des organes subordonnés du parti unique et même de l'État. Ainsi, dès 1979, il est créé l'Union générale des travailleurs djiboutiens (UGDT), fruit d'une fusion entre la Fédération nationale des travailleurs djiboutiens (FNTD) et la Confédération générale des travailleurs djiboutiens. Tous les syndicats de base, qu'ils soient du public ou du privé, appartiendront d'office à cette centrale unique.

En 1992, l'adoption d'une première constitution consacrant le pluralisme syndical permet l'émergence de nouvelles organisations de travailleurs libres et indépendantes[212]. Une ouverture libérale est ainsi amorcée mais dans l'ambiance d'un passage en force pour l'entrée dans les programmes d'ajustement structurel. Cette époque est marquée par une dégradation des finances publiques, d'une réduction drastique des salaires, d'une grève générale paralysant tout le pays et d'une vague de licenciements des dirigeants syndicaux et leurs militants[213]. Ces conditions continuent d'empoisonner, depuis, les relations entre les pouvoirs publics et une partie des syndicats.

Le Code du travail dans sa mouture initiale traduit cette crise relationnelle puisqu'il marque une nette régression dans le domaine de la protection du droit syndical. En conférant, en effet, au ministre du Travail le pouvoir de délivrer ou non le récépissé valant

---

[211] Loi n° 199/AN/81 du 24 octobre 1981 portant sur la Mobilisation Nationale.

[212] Ce nouveau pluralisme a conduit la fondation, le 27 juin 1992, d'une nouvelle centrale syndicale l'UDT (Union Djiboutienne du Travail) par de syndicats de base affiliés jusque là à l'UGTD qu'ils jugent rester docile vis-à-vis du pouvoir politique.

[213] *Cf.* FIDH, Observatoire pour la Protection des Défenseurs des Droits de l'Homme, Djibouti. Les défenseurs des droits économiques et sociaux paient le prix fort, août 2006, pp. 17-18.

reconnaissance de l'existence du syndicat, son article 215 restreint la liberté de constitution de syndicats. Sous les pressions de la CEACR et du Comité de liberté syndicale demandant à maintes reprises au Gouvernement djiboutien d'abandonner entre autres ce formalisme contraignant, ce dernier promulgua la loi du 16 février 2011 portant modification partielle des dispositions des articles 41, 214 et 215 de la loi du 28 janvier 2006 portant Code du travail[214].

Cette loi prend en compte les points de divergence, soulevés par les organes de contrôle de l'OIT, entre le Code du travail dans sa mouture initiale et la Convention n° 87. Elle témoigne d'un réel changement de conception du législateur en matière de constitution (Section 1), de fonctionnement (Section 2) et d'action (Section 3) des syndicats.

## Section 1-La Constitution de syndicats

L'article 210 du Code du travail dispose que " le syndicat professionnel est une association de personnes exerçant la même profession, des métiers similaires ou des métiers connexes, concourants à l'établissement des produits ou services déterminés, ou la profession libérale". Ce texte fait état d'un pluralisme syndical organisé. Les syndicats ne peuvent se constituer que sous certaines conditions de fond (§1) et de forme (§).

### §1-Les conditions de fond

Les conditions de fond requises pour la validité d'un syndicat tiennent essentiellement à l'activité des syndicats (A) et à son objet (B)

---

[214] Loi n° 109/AN/10/6ème L. du 16 février 2011 portant modification partielle des dispositions des articles 41, 214 et 215 de la loi n° 133/05/5ème L. du 28 janvier 2006 portant Code du travail.

### *A-L'activité des syndicats*

De l'article 210 précité, il ressort qu'un syndicat ne peut être créé qu'entre personnes qui exercent des professions identiques, similaires ou connexes. Il s'agit là d'un impératif logique dès lors que ce type de groupement a vocation à exprimer une solidarité professionnelle.

Seules ont le droit de participer à la création ou à l'activité d'un syndicat les personnes exerçant une profession, quelle que soit la nature (industrielle, commerciale, agricole ou libérale). Cette exigence exclut, par exemple, la constitution d'un authentique syndicat d'étudiants.

Bien que la profession doive, en principe, effectivement être exercée, l'article 212-2 du Code du travail indique paradoxalement que les personnes qui ont quitté leur fonction ou profession peuvent adhérer à un syndicat professionnel sous réserve d'avoir exercé celle-ci au moins un an.

### *B-L'objet du syndicat*

Les syndicats sont caractérisés par la spécialité de leur objet. Celui-ci est formulé par l'article 211 du Code du travail: "les syndicats ont exclusivement pour objet l'étude et la défense des droits ainsi que des intérêts matériels et moraux, tant collectifs qu'individuels, des personnes visées par leurs statuts". L'adverbe "exclusivement" exprime clairement qu'un syndicat ne saurait aller au-delà de la défense d'intérêts professionnels. Cependant, la formule est large. Elle permet aux syndicats d'intervenir sur tous les aspects de la vie professionnelle qui touchent aux intérêts de leurs membres.

L'exclusivité exigée par le texte interdit aux syndicats de se livrer à des activités politiques. Il n'en demeure pas moins que l'imbrication du politique et de l'économique, dans un contexte d'omniprésence de l'Etat djiboutien dans la vie économique, peut conduire les syndicats à participer à l'action politique.

L'exclusivité imposée par l'article 211 précitée interdit également à un syndicat d'avoir pour activité principale le commerce ou de proposer des services rémunérés d'assistance et de conseil juridique. Une activité commerciale ou de conseil ne peut dont qu'être seconde ou accessoire, l'objectif premier devant être la défense des personnes visées aux statuts. Néanmoins, ils peuvent acquérir à titre gratuit ou à titre onéreux des biens meubles et immeubles. Ces biens sont insaisissables[215].

Les syndicats ont, enfin, la possibilité de constituer entre leurs membres des caisses spéciales de secours mutuels[216].

L'inobservation de ces conditions de fond a vocation à se traduire par l'annulation de l'acte constitutif. En pratique, une action en dissolution sera intentée.

### *§2- Les conditions de forme*

Les conditions de forme requises lors de la constitution d'un syndicat ont été réduites par la loi du 16 février 2011 précitée. Les fondateurs du syndicat doivent déposer à l'Inspection du travail les statuts et la liste des personnes chargées de son administration et de sa direction. Pour chacune de ses personnes, il est indiqué les prénom, nom, filiation, date et lieu de naissance, domicile et profession. Ce dépôt a lieu en triple exemplaire contre récépissé délivré par l'Inspection du travail.

---

[215] L'interdiction de toute activité commerciale aux syndicats repose sur deux nécessités. D'une part, il s'agit de soustraire l'action syndicale à l'esprit de lucre ainsi qu'aux aléas des entreprises commerciales. D'autre part, il s'agit d'éviter que la forme syndicale soit un moyen de faire du commerce échappant aux règles sur les sociétés.
[216] Article 217 du Code du travail.

Le syndicat est considéré comme enregistré dans un délai maximal de quarante-cinq jours à compter du dépôt de la demande. C'est cet enregistrement qui vaut existence du syndicat et naissance de sa personnalité juridique. Toutefois, si l'inspection du Travail considère que les conditions requises ne sont pas remplies pour procéder à l'enregistrement, elle doit en aviser les demandeurs par écrit dans un délai de trente jours à compter du dépôt de la demande en motivant sa décision.

Tout refus de délivrance du récépissé ou d'enregistrement d'un syndicat fait l'objet d'un recours auprès de la Chambre sociale de Première instance.

La méconnaissance des exigences susmentionnées s'accompagne de sanctions civiles. La violation des conditions de forme, par exemple le non-dépôt des statuts, interdit au syndicat d'acquérir la personnalité juridique. Il est dans la situation d'une association non déclarée.

## Section 2-Le fonctionnement de syndicats

Le fonctionnement des syndicats est régi d'une part par le principe de la liberté (§1) et d'autre part par des règles internes de fonctionnement qui sont d'origine légale et statutaire (§2). Toutefois, les syndicats ne fonctionnent en vase clos ; elles entretiennent des relations avec l'extérieur (§3).

### §1-Le principe de la liberté de fonctionnement

Aux termes de l'article 3 de la Convention n° 87 de l'OIT, les autorités publiques doivent s'abstenir de toute intervention de nature à limiter ou à entraver le droit des syndicats.
Donc, les États s'interdisent d'intervenir dans l'élaboration des statuts, dans l'élection des dirigeants et dans l'organisation de la gestion.

## §2-Les règles internes de fonctionnement

Ces règles concernent principalement trois rubriques, à savoir la désignation des dirigeants (A), la discipline syndicale (B) et la représentativité des syndicats (C).

### *A- La désignation des dirigeants*

Les dirigeants d'un syndicat doivent être de nationalité djiboutienne ou un travailleur étranger régulièrement établi sur le territoire national. Cependant, ils doivent jouir de leurs droits civils et n'avoir fait l'objet d'aucune condamnation entraînant la suppression du droit de vote et ce conformément aux lois électorales en vigueur[217].

Les dirigeants sont désignés conformément aux statuts et représentent le syndicat dans ses relations externes. Les actes accomplis par les dirigeants au nom du syndicat engagent ce dernier.

### *B-La discipline syndicale*

L'adhésion à un syndicat confère des droits et des obligations. Les adhérents doivent d'abord verser des cotisations qui constituent la principale source de financement du syndicat. Les statuts déterminent en général le montant des cotisations et les modalités de leur perception.

L'adhérent doit également respecter un certain nombre de décisions prises par le syndicat (ex: mot d'ordre en cas de grève). De la même façon, il doit s'abstenir de tout acte susceptible de nuire au développement du groupement.

---

[217] Nouvel article 214 du Code du travail issu de la loi 16 février 2011 précitée.

Le syndicat est en droit d'infliger des sanctions aux adhérents qui ne respectent ces obligations. Ce sont les statuts qui prévoient en général ces sanctions ainsi que la procédure disciplinaire à suivre.

### *C- Les relations des syndicats*

Elles sont essentiellement de deux sortes : les relations avec les entreprises (1) et les relations des syndicats entre eux (2)

#### 1-Les relations avec les entreprises

À l'égard des entreprises, la législation prévoit au moins deux types de liens.

Sur le premier, on note que les délégués du personnel sont élus par les travailleurs parmi les candidats présentés par les syndicats qui ont le monopole de présentation des listes[218]. Aussi, cette élection donne lieu à des négociations suivies d'accords préalables concernant le processus électoral[219].

Sur le second, on peut affirmer qu'à travers les accords collectifs d'entreprise ou d'établissement, les syndicats tissent des relations avec les entreprises dans la mesure où ils détiennent un monopole de principe dans la négociation collective[220].

#### 2-Les relations des syndicats entre eux

Il s'agit des regroupements connus généralement sous forme d'unions que l'on retrouve tant au niveau national qu'international.

---

[218] Article 236-2 du Code du travail.
[219] Articles 229 et 232-3 du Code du travail.
[220] Article 254-1 du Code du travail.

Au niveau national, il faut partir du syndicat primaire qui a besoin de s'unir avec d'autres syndicats. De manière formelle, il existe plusieurs formes d'unions. D'abord, les syndicats peuvent se regrouper sur le plan vertical sous forme de fédérations. Il s'agit alors d'un groupement de syndicats ayant en vue la défense des intérêts de la même profession (par exemple, la fédération des boulangers). Ce qui caractérise la fédération, c'est l'homogénéité professionnelle.

Ensuite, il y a l'union interprofessionnelle ayant des objectifs distincts. Ainsi donc, on peut regrouper les syndicats de boulangers, des transporteurs, des tailleurs, etc. il s'agit dans un tel cas de confédérations[221].

Au niveau international, les syndicats de tous les pays ont besoin de se retrouver pour se concerter notamment auprès de l'OIT. Il y a plusieurs fédérations ou confédérations de syndicats mondiaux (par exemple, la Fédération syndicale mondiale (FSM), la Confédération internationale des syndicats libres (CISL).

Au niveau continental, le panafricanisme a donné naissance à des regroupements au sein de l'Organisation de l'unité syndicale africaine (OUSA). Cette dernière est née directement de l'ex OUA (actuelle UA) et accueillait en son sein des mouvements de libération nationale. Elle dispose d'un statut consultatif auprès de l'UA, de l'ONU, de l'OIT, de l'UNESCO et de la FAO.

## Section 3-L'action syndicale

L'action syndicale correspond à l'activité exercée par les syndicats pour la défense des intérêts de la profession. Il s'agit du "rôle rempli par les syndicats, pour la défense des intérêts collectifs de la profession, soit en justice, soit en participant à des organismes économiques et sociaux, au fonctionnement des organes représentatifs

[221] Article 213-2 du Code du travail.

du personnel (...), au déclenchement et à la solution des conflits collectifs"[222]. Il ressort de cette définition que l'action des syndicats se déploie tant sur le plan extrajudiciaire (§1) que judiciaire (§2).

### §1-Sur le plan extrajudiciaire

Les syndicats ont la possibilité d'agir à plusieurs niveaux:

- négocier avec l'État et avec les employeurs privés afin de défendre les droits et intérêts de leurs adhérents[223];
- en cas de conflit, engager toutes sortes d'actions de protestation (grèves, manifestations, pétitions) dans les limites fixées par la loi[224];
- peser sur les orientations budgétaires de la Caisse nationale de sécurité sociale (CNSS) via son conseil d'administration[225];
- émettre leur avis dans la totalité des problèmes se rattachant à leur spécialité professionnelle[226].

### §2-Sur le plan judiciaire

Les syndicats peuvent se présenter devant les tribunaux pour y défendre ses droits ou ceux de ses membres ou les intérêts de la profession qu'il représente. Il peut lui-même prendre l'initiative d'engager une action judiciaire[227] (ex: demande de réparation à l'égard d'un employeur ou d'un autre syndicat qui aurait mis obstacle à la liberté d'adhésion des travailleurs au syndicat demandeur), ou intervenir dans une instance où il n'est pas demandeur (exemple :

---

[222] Cornu, G., Vocabulaire juridique, PUF, 8ème éd., 2017, p. 851.
[223] Article 211 du Code du travail.
[224] Articles 188 et 189 du Code du travail.
[225] Articles 22 et 23 de la loi n° 212/AN/07/5ème L. du 19 janvier 2008 portant création de la Caisse nationale de sécurité sociale (CNSS).
[226] Article 220 du Code du travail.
[227] Cour suprême, arrêt n° 59/C/SEP/11 du 23 janvier 2011, Syndicat du personnel MTS et la Société Maritime and Transport Service à propos d'heures supplémentaires impayés touchant une partie du personnel.

défense des intérêts de la profession dans un procès intenté à une entreprise par un membre de son personnel)[228].

Le fait qu'un syndicat puisse défendre les intérêts de toute la profession qu'il représente et pas seulement ceux de ses membres peut être rapproché de l'extension des conventions collectives à d'autres travailleurs que les membres des organisations signataires. Dans un cas comme dans l'autre, la loi donne ainsi au syndicat le pouvoir de concourir à l'organisation de la profession elle-même.

---

[228] Article 217-4 du Code du travail.

# Chapitre 16- Les délégués du personnel

En France, les délégués du personnel constituent la première institution représentative qui ait été juridiquement reconnue dans l'entreprise. Sa mise en place remonte à la loi du 24 juin 1936 sur les conventions collectives. Ce texte prévoyait que les conventions collectives devaient obligatoirement contenir une clause relative à la création de délégués élus par le personnel. La mise en place des délégués du personnel devient impérative, sans qu'aucune convention ne soit plus nécessaire, par le décret-loi du 12 novembre 1938[229]. Les délégués du personnel seront supprimés par le régime de Vichy, pour réapparaître avec la loi du 16 avril 1946. Il devient dès lors obligatoire d'organiser des élections en vue de leur mise en place dès lors que l'établissement (ou l'entreprise) compte plus de 11 salariés.

En Afrique, les délégués du personnel furent institués par le Code des territoires d'outre-mer de 1952 qui reprend les principes de la législation métropolitaine en ce qui concerne cette institution. Toutefois, le Code de 1952 laisse au chef de chaque territoire le soin de réglementer les conditions d'application de ces principes. En ce qui concerne la Côte française des Somalis, ce sera l'arrêté du 14 avril 1954 relatif à l'élection et l'exercice des fonctions des délégués du personnel[230].

Le Code de travail de 2006 dans sa mouture initiale conserve l'institution en modifiant légèrement les règles antérieures. Ce faisant, il relève, dans son article 226, le seuil à partir duquel l'élection d'un délégué du personnel est obligatoire. Ce relèvement semblant entrer en contradiction avec l'article 230 du même Code portant sur le tableau des seuils d'effectifs entraînant la mise en place des délégués du personnel, la loi du 25 juin 2018 est venue clarifier ces questions.

---

[229] Décret-loi du 12 novembre 1938, JORF du 13 novembre 1938, p. 12866.

[230] Arrêté n° 477 du 14 avril 1954 relatif à l'élection et l'exercice des fonctions des délégués du personnel (JO CFS du 20 juin 1954, p. 232).

Elle rend désormais obligatoire l'élection des délégués du personnel dans toute entreprise occupant au moins onze salariés[231].

Enfin, il convient de préciser qu'à Djibouti, comme dans la majeure partie des pays d'Afrique, la représentation du personnel dans l'entreprise est exclusivement assurée par les délégués du personnel: les délégués syndicaux et les comités d'entreprise sont encore ignorés[232].

Nous aborderons successivement le mécanisme d'élection des délégués du personnel (Section 1) puis leur statut (Section 2).

## Section 1-L'élection des délégués du personnel

Le cadre de l'élection des délégués du personnel dépend de l'entreprise, de ses démembrements (établissements) et de ses effectifs; ce qui influe sur leur importance numérique (§1) et accessoirement sur les conditions pour être électeur et éligible (§2) ainsi que le scrutin (§3).

### §1-Le nombre des délégués du personnel

Le nombre des délégués du personnel doit être proportionnel à l'effectif des salariés. Selon les articles 7 et 8 de l'arrêté du 14 avril 1954 (dont les dispositions ont été en grande partie reprises par le

---

[231] Nouvel article 226 du Code du travail issu de la loi n° 221/AN/17/8ème L. du 25 juin 2018 modifiant et complétant le Code du travail de 2006.

[232] Sur l'ignorance de la plupart des législations africaines au sujet de la présence syndicale dans l'entreprise : *cf.* not. Tagum Fombeno, L'action des syndicats professionnels en Afrique noire francophone, éd. L'harmattan, 2006, p.57. Concernant le Code du travail djiboutien, son article 225 confirme clairement cette tendance puisqu'il dispose que « la représentation des salariés dans les établissements et entreprises est assurée par les délégués du personnel élus par les salariés de ces établissements ou entreprises ».

Code de 2006[233]), l'établissement s'entend d'un groupe de personnes travaillant en commun en un lieu déterminé sous la même autorité directrice.
L'entreprise s'entend d'une organisation économique de forme juridique déterminée constituée pour une production de biens destinés à la vente ou pour la fourniture de services rémunérés. Elle ne peut être divisée en établissement distincts, c'est-à-dire élisant leurs propres délégués du personnel, que si elle comporte chacun au moins cinquante salariés.

L'article 230 du Code du travail fixe le nombre de délégués du personnel à élire comme suit:

- de 11 à 20 salariés: un délégué titulaire et un suppléant;
- de 21 à 50 salariés: deux délégués titulaires et deux suppléants;
- de 51 à 100 salariés: trois délégués titulaires et trois suppléants;
- de 101 à 250: cinq titulaires et cinq suppléants;
- de 251 à 500 salariés: sept titulaires et sept suppléants;
- de 501 à 1000 salariés: neuf délégués titulaires et neuf suppléants.

Au-delà de 1000 travailleurs: un délégué titulaire et un suppléant par tranche supplémentaire de 500 travailleurs.

L'effectif à prendre en considération est celui des travailleurs occupés habituellement dans l'entreprise, qu'ils soient ou non inscrits au registre de l'employeur.

Les apprentis, les travailleurs engagés à l'essai, les travailleurs engagés ou rémunérés à l'heure, les journaliers, les travailleurs saisonniers, etc. totalisant au cours d'une année l'équivalent de six mois de travail au service de l'entreprise sont assimilés à des travailleurs permanents[234].

---

[233] Articles 227, 228 et 229 du Code du travail

[234] Articles 226 et 231 du Code du travail.

### §2-Les conditions pour être électeur et éligible.

Selon l'article 231 du Code du travail, tous les travailleurs ayant une ancienneté d'au moins six mois dans l'entreprise. Les conditions requises pour être électeur ont été assouplies ; les conditions d'âge et de probité (l'absence de condamnations entraînant privation du droit électoral) ont disparu. En revanche, ce texte reste muet en cas de suspension du contrat de travail. Étant toujours membre du personnel de l'entreprise, le salarié dont le contrat est suspendu devrait participer aux élections.

Les électeurs sont répartis en deux collèges : les employés et manœuvres d'une part, les agents de maîtrise, cadres et assimilés d'autre part, afin que soit assurée, en tout état de cause la représentation de catégories de salariés minoritaires dans l'entreprise. Ces deux collèges désignent chacun des représentants distincts, dans une proportion fixée par accord entre la direction et les syndicats intéressés ou à défaut d'accord par l'inspecteur du travail. Lorsque le nombre de délégués à élire le permet et en vue de permettre séparément la représentation des ouvriers, des employés, des agents de maîtrise ou assimilés, le nombre et la composition des collèges électoraux peuvent être modifiés par accord collectif, mais seulement si celui-ci est signé par toutes les organisations syndicales représentatives présentes dans l'entreprise.

S'agissant de l'éligibilité, il faut distinguer les conditions générales (salariés de deux sexes et travaillant dans l'entreprise depuis douze mois au moins, à l'exclusion des ascendants, descendants, frères et sœurs ou alliés au même degré du chef d'entreprise) et une condition particulière : être présenté par l'une des organisations syndicales représentatives, du moins au premier tour du scrutin. Les personnes éligibles ne pouvant librement poser leur candidature sauf en l'absence des syndicats les plus représentatifs qui sont seuls autorisées à présenter les listes des candidats

### §3-Le scrutin

L'employeur a l'initiative de l'organisation de l'élection. Il doit en informer au moins quinze jours le personnel et l'Inspection du travail[235].

Le scrutin a lieu pendant les heures de travail. Il est susceptible de comporter 2 tours d'élection. Lors du premier tour, seules les organisations représentatives peuvent présenter une liste de candidats. Si la majorité absolue n'est pas atteinte au premier tour, un second tour est organisé. Les syndicats représentatifs perdent alors leur monopole de présentation ; d'autres listes que les leurs peuvent être présentées. Seront donc élus les candidats ayant obtenu le plus de voix[236].

Le contentieux électoral consacre le droit pour tout candidat à l'élection de représentants des travailleurs de contester celle-ci en formulant un recours qui peut être relatif à l'électorat, à l'éligibilité ou à la régularité des opérations électorales. À cet effet, le Président du Tribunal du travail est compétent pour statuer sur les recours adressés, d'urgence et en dernier ressort[237].

## Section 2-Le statut des délégués du personnel

Les délégués du personnel ont la double qualité de salarié et de titulaire d'un mandat représentatif. Un certain nombre de règles leur sont applicables en leur seule qualité de représentant du personnel, en dehors de toute considération liée à leur contrat de travail. Ces règles d'ordre public forment un « statut » qui leur donne principalement des missions précises (§1), des moyens d'action (§2), ainsi qu'à un

---

[235] Article 235 du Code du travail.
[236] Article 236 du Code du travail.
[237] Article 240 du Code du travail.

dispositif spécial de protection contre le licenciement, sous l'égide de l'inspection du travail (§3)

## §1-Les missions des délégués du personnel

Les délégués du personnel sont chargés :

- de présenter à l'employeur les réclamations individuelles ou collectives concernant les conditions de travail, les rémunérations et l'emploi;
- de saisir l'inspecteur du travail des réclamations concernant l'application des prescriptions légales, réglementaires ou conventionnelles;
- de communiquer à l'employeur toutes suggestions tendant à une meilleure organisation sociale ou économique de l'entreprise;
- de contribuer par leur avis, à l'organisation des œuvres sociales de l'entreprise ou à la conception et à la mise œuvre de projets de restructuration[238].

En un mot, les délégués du personnel doivent se préoccuper aussi bien du bien-être des travailleurs que de la prospérité de l'entreprise. Ils jouent le rôle d'intermédiaires entre l'employeur et ses travailleurs. Ce qui n'empêche nullement les travailleurs d'adresser individuellement et directement leurs réclamations et suggestions à l'employeur[239].

## §2-Les moyens d'action des délégués du personnel

Pour exercer leurs missions, les délégués du personnel:

-disposent d'un crédit d'heures, ou heures de délégation fixé à six heures quarante minutes par mois. Ces heures sont considérées et

[238] Article 241 du Code du travail.
[239] Ibid.

payées comme temps de travail effectif. Si elle n'est pas intégralement utilisée au cours du mois, elle ne saurait être reportée sur le mois suivant[240];
-peuvent se déplacer en dehors de l'entreprise, durant les heures de délégation et circuler dans l'entreprise pendant les heures de délégation sous réserve des règles de sécurité[241];
- peuvent faire afficher sur un panneau réservé les renseignements qu'ils ont pour rôle de porter à la connaissance du personnel[242];
- sont convoqués et reçus par l'employeur au moins une fois par trimestre. En plus de cette réunion mensuelle obligatoire, les délégués du personnel sont reçus à leur demande en cas d'urgence, soit collectivement, soit par catégorie, soit individuellement[243].

### §3-La protection légale des délégués du personnel

Pour éviter que le délégué du personnel ne soit, en raison de l'exercice de son mandat, l'objet de mesures arbitraires de la part de son employeur, l'article 237 du Code du travail dispose que "tout licenciement d'un délégué du personnel, titulaire ou suppléant doit être soumis à l'autorisation préalable de l'Inspecteur du travail". Autrement dit, l'employeur doit demander l'autorisation de l'inspecteur du travail pour rompre le contrat de travail du salarié protégé[244].

Tout ce que l'employeur peut faire, s'il estime que la faute du délégué est tellement lourde qu'il ne puisse l'admettre dans son entreprise, c'est

---

[240] Article 243 du Code du travail. Le crédit d'heures de délégation reste identique quels soient le nombre de délégués élus et la taille de l'entreprise. Il aurait peut être fallu que la législation djiboutienne module, à l'instar de certaines législations étrangères, ce crédit d'heures en fonction de l'effectif du personnel.

[241] Idem.

[242] Article 244 du Code du travail.

[243] Article 242 du Code du travail.

[244] La demande d'autorisation de licencier vaut également pour un délégué du personnel dans le cadre d'une procédure de licenciement économique (Arrêt n° 12/C/AG/05 du 19 janvier 2006, Cour suprême de Djibouti, Le Mess de la Base aérienne française n° 188/Abdi Abdillahi Darar, (inédit)).

de prononcer immédiatement la mise à pied provisoire du délégué en attendant la décision de l'inspecteur. Dans ce cas, le délégué continue à faire partie de l'entreprise, mais l'accès lui en est interdit pour y travailler. Cependant, il pourra toujours y pénétrer pour y exercer ses fonctions de délégué, la mise à pied étant sans action sur elles.

Le licenciement est possible à compter du 22ème jour si l'Inspection du travail garde le silence sur la demande reçue. Dans le cas où la réponse de l'Inspection du travail est négative, l'employeur a le choix de réintégrer le salarié, soit de lui payer une indemnité spéciale égale à 12 mois de salaires, sans préjudice des autres indemnités de rupture du contrat de travail normalement dues : indemnité de licenciement, indemnité compensatrice de congé, indemnité de préavis[245].

---

[245] Article 252 du Code du travail.

## Chapitre 17 – La négociation collective

Depuis la naissance du salariat, les travailleurs se sont constamment efforcés de se grouper pour définir avec leurs employeurs leurs conditions de travail. Avant la reconnaissance du droit syndical (loi de 1884) ces groupements de travailleurs n'étaient que des groupements de fait. Et jusqu'à la première loi du 25 mars 1919 sur les conventions collectives[246], les accords collectifs conclus par ces groupements sont considérés comme de simples contrats qui ne diffèrent du contrat individuel du travail que par le nombre des contractants, mais auxquels s'applique le droit commun des contrats[247].

La loi de 1919 donne une première consécration juridique à cet état de fait. Elle facilite la discussion des conventions collectives et en précise la portée ; mais elle n'en prévoit pas l'extension aux tiers non contractants et sanctionne insuffisamment leur non-application. Cette loi est étendue aux territoires d'outre-mer. Une loi du 24 juin 1936[248] marque ensuite un progrès considérable. En rendant possible l'extension des dispositions des conventions collectives à des tiers par décision des pouvoirs publics sous certaines conditions, elle faisait de certaines conventions collectives de véritables lois professionnelles, s'appliquant à tous les membres de la profession représentée dans la région que les organisations signataires avaient qualité pour représenter.

Rendue applicable à l'Afrique-Occidentale française et à Madagascar, cette loi y permettra la conclusion de plusieurs conventions collectives

---

[246] Loi du 25 mars 1919 relative aux conventions collectives et aux procédures de règlement des conflits de travail, *JORF* du 28 mars 1919, p. 3181.

[247] *Cf.* not. Devaux, E., La négociation des conventions et accords collectifs d'entreprise, LexisNesis, 2016, p. 81.

[248] Loi du 24 juin 1936 modifiant et complétant le chapitre IV bis du titre M du livre Ier du Code du travail « De la convention collective de travail », *JORF* du 26 juin 1936, p. 6699.

qui constitueront, jusqu'à la promulgation du Code du travail de 1952, une des bases principales de la réglementation du travail dans ces territoires et qui, d'ailleurs, y demeureront applicables en tout ce qui n'est pas contraire aux dispositions fixées par ledit Code.

Après la Charte du travail du 4 octobre 1941 du régime de Vichy et la loi du 23 décembre 1946[249] d'application éphémère, le régime des conventions collectives sera fixé en France par la loi du 11 février 1950[250] dont le Code du travail de 1952 reprendra les dispositions principales. En même temps, cette loi de 1950 répond enfin aux obligations contenues dans les conventions internationales de l'OIT, notamment celle sur le droit d'organisation et de négociation collective (n° 98). La négociation collective connaît dès lors une impulsion nouvelle et déterminante sous l'empire de ce Code; plusieurs conventions apparaissent dans les territoires d'outre-mer, notamment en CFS, dont la plupart seront étendues[251].

Lors de l'indépendance (1977), les nouvelles autorités djiboutiennes reconduisent dans toutes ses dispositions le Code de 1952. Il en est de même des conventions collectives conclues sous son empire dont certaines restent aujourd'hui applicables, ce qui n'est pas sans poser des problèmes de compatibilité avec le Code du travail de 2006. Pourtant, ce dernier prévoit la remise à jour obligatoire de ces conventions collectives héritées de l'époque coloniale ; en effet, son article 295 dispose que « les conventions collectives conclues antérieurement au présent Code, restent en vigueur en celles de leurs dispositions qui ne lui sont pas contraires, durant une période maximale de trois années après la promulgation de celui-ci ». Ce délai

---

[249] Loi n° 46-2924 du 23 décembre 1946 relative aux conventions collectives, *JORF* du 23 décembre 1946, p. 10932.

[250] Loi n°50-205 du 11 février 1950 relative aux conventions collectives et aux procédures de règlement des conflits collectifs de travail, *JORF* du 12 février 1950, p. 1688.

[251] Sur cet aspect : Samb, M, Les conventions collectives nationales interprofessionnelles en Afrique noire francophone, Thèse, Droit, Université de Dakar, 1989,

sera prorogé de deux ans par la loi du 11 août 2009 portant modification partielle des dispositions de l'article 295 de la loi portant Code du travail[252].

Abstraction faite de la question du respect dudit délai par les partenaires sociaux, la production conventionnelle enregistre depuis 2009 des avancées notables. Ces résultats découlent d'une nouvelle conception du législateur de 2006 tendant à renforcer la place de la négociation collective dans la production du droit du travail[253]. Cela se traduit essentiellement par une rénovation du cadre légal et institutionnel de la négociation collective (Section 1) et par une amplification du contenu de la convention collective (Section 2).

## Section 1-Le cadre légal et institutionnel de la négociation collective

L'étude de ce cadre passe d'une part par l'identification des organes de la négociation collective (§1) et d'autre part par la détermination de la typologie des conventions et accords professionnels susceptibles d'être conclus (§2).

### §1-Les organes de la négociation collective

Parmi les organes habilités à mener des négociations collectives, certains sont des organes bipartites (A) et d'autres, des organes tripartites (B).

---

[252] Loi n°61/AN/09/6ème L du 11 août 2009 portant modification partielle des dispositions de l'article 295 de la loi n° 133/AN/05/5ème L du 28 janvier 2006 portant Code du travail.

[253] *Cf.* Said Wais, I., La contractualisation du droit du travail djiboutien, RDT, 2017, p. 352.

*A-Les organes bipartites*

La négociation collective est généralement menée par les organisations des travailleurs et les organisations d'employeurs au sein de "commissions paritaires". En ce qui concerne les organisations des travailleurs, il faut dire que seules les plus représentatives des salariés sont habilitées à négocier au nom des salariés. De là, on peut affirmer que les salariés ne peuvent conclure individuellement ou séparément des conventions.

En revanche, au nom des employeurs, la loi donne compétence pour négocier aux organisations syndicales d'employeurs représentatives, mais mentionne également « un ou plusieurs employeurs pris individuellement »[254].

En République de Djibouti, il existe deux centrales syndicales qui mènent généralement les négociations collectives et concluent des conventions ou accords professionnels de travail au nom des salariés. Ce sont : L'Union générale des travailleurs djiboutiens (UGDT) et l'Union djiboutienne des travailleurs (UDT). Ces centrales syndicales ont des syndicats de base affiliés dans les entreprises privées et publiques de Djibouti.

S'agissant des organisations patronales, il y a la Confédération nationale des employeurs de Djibouti (CNED) et la Fédération des employeurs de Djibouti (FDED).

*B- Les organes tripartites*

Outre les partenaires sociaux susmentionnés, les négociations collectives peuvent être menées sous les auspices du gouvernement dans un cadre tripartite au sein de deux organes. Le premier est le Conseil National du Travail, de l'Emploi et de la Sécurité Sociale

[254] Articles 254 et 262 du Code du travail.

(CONTESS). Pratiquement, il est habilité à étudier, donner son avis et formuler des propositions sur tous les problèmes concernant le travail et les travailleurs des entreprises publiques et privées[255]. Le décret du 30 décembre 2012 fixe effectivement les règles l'organisation et le fonctionnement de cette structure[256]. On se bornera à en citer les plus pertinentes à savoir la protection contre le licenciement dévolue aux membres travailleurs de la commission, l'obligation de requérir la présence égale des représentants des travailleurs et des employeurs avant l'émission de tout avis, et l'allégement des conditions d'éligibilité.

Le second est la commission nationale paritaire des conventions collectives et des salaires. Telle qu'elle ressort de l'article 280 du Code du travail, cette commission doit être consultée au sujet de la conclusion, l'extension et l'application des conventions collectives. Il semble que cette disposition ait pour but de donner au ministre du Travail un moyen d'exercer une influence sur les conditions d'élaboration ou d'application d'une convention collective. Le décret du 8 octobre 2017 fixe les conditions d'organisation et de fonctionnement de la Commission nationale paritaire des conventions collectives et des salaires[257].

La diversité des organes de la négociation collective a un impact sur les conventions ou accords professionnels qui revêtent une diversité de forme.

---

[255] Article 276 du Code du travail.

[256] Décret n° 2012-273/PR/MTRA portant organisation et fonctionnement du Conseil National du Travail, de l'Emploi et de la Sécurité Sociale (CONTESS).

[257] Décret n° 2017-328/PR/MTRA fixant les conditions d'organisation et de fonctionnement de la Commission nationale paritaire des conventions collectives et des salaires.

**§2-La typologie**

Il résulte de l'examen de l'article 254 que la négociation collective peut être menée essentiellement à trois niveaux:

- au niveau d'une entreprise ou un groupe d'entreprises: c'est la convention collective d'entreprises qui ne peut, en aucun cas, faire l'objet d'une extension à une entreprise non signataire.

Exemples de conventions collectives d'entreprises : convention collective d'entreprise CGMR du 25 septembre 2010; convention collective d'entreprise de Djibouti Telecom du 31 juillet 2004.

-Au niveau d'une ou plusieurs branches d'activité dans le champ d'application doit obligatoirement couvrir l'ensemble du territoire: c'est la convention collective nationale qui peut l'objet faire l'objet d'une extension par arrêté du ministre du Travail, à toute la ou les branches d'activité concernée (s). Toutefois, on notera que la possibilité pour le ministre du Travail d'extraire de la convention à étendre, les clauses jugées inadaptées ainsi que celles contraires aux lois et règlements en vigueur.

- Exemples de conventions nationales: Convention collective applicable aux agents contractuels de l'Administration du 26 décembre 2011; Convention collective des banques du 17 janvier 2011.

- au niveau d'un ou plusieurs établissements, c'est-à-dire une usine, une maison de commerce ou une plantation: ce sont les accords collectifs d'établissement non susceptibles d'extension. Leur compétence se borne soit à adapter une convention collective "supérieure" soit à lui adjoindre des dispositions plus favorables aux travailleurs, soit en cas d'absence de conventions "supérieures" à traiter exclusivement de la fixation des salaires et des accessoires de salaires.

Il peut arriver que, soit du côté patronal, il n'y ait pas d'interlocuteur, soit l'une des parties refuse ou ne soit pas disposée à négocier ou encore ne soit pas en mesure de le faire. Résultat: la branche d'activité ou la profession reste ainsi sans instrument. Dans cette hypothèse, un arrêté pris après avis du CONTESS peut, soit réglementer les conditions de travail pour cette branche d'activité ou cette profession[258], soit y rendre applicables les dispositions d'une convention en vigueur dans une branche d'activité relevant du même secteur économique[259].

En République de Djibouti et pour les raisons susmentionnées, quatre branches d'activité n'ont pas respectivement, à ce jour, de convention collective. Il s'agit:

-du transport maritime;
-du transport aérien;
- de l'hôtellerie et restauration;
- des gens de maison.

**Section 2-Le contenu de la convention collective**

Le contenu de la négociation collective est d'abord déterminé par les dispositions légales qui en précisent l'objet. Mais il varie également en fonction du contexte économique. Les sujets traités lors des négociations collectives en période de croissance économique ne sont pas les mêmes que ceux qui font l'objet de négociation dans un environnement économique régressif.

Quoi qu'il en soit, quand il s'agit d'une convention collective, son contenu obéit au principe de liberté (§1) et de respect des dispositions d'ordre public (§2).

[258] Article 270 du Code du travail.
[259] Article 260 du Code du travail.

### §1-Le principe de liberté

Les matières traitées peuvent être plus ou moins larges, suivant la volonté des parties. Les parties déterminent librement le contenu de la convention. Les parties peuvent traiter aussi bien des questions concernant le contrat de travail (formes, avantages, rémunérations), les relations collectives de travail (la représentation de travailleurs, l'organisation du travail) que des garanties sociales (mutuelles, œuvres sociales, etc.)[260]. La seule limite quant au contenu est que la convention collective ne peut déroger aux dispositions d'ordre public définies par les lois et règlements.

### §2-Le respect des dispositions d'ordre public

Il peut se poser un problème de conciliation entre la possibilité de déroger aux lois et règlements dans un sens favorable aux travailleurs et le respect des dispositions d'ordre public.

Cette question amène à faire la distinction entre l'ordre public social et l'ordre public absolu.

L'ordre public social est relatif, en ce sens que la loi et les règlements accordent aux travailleurs un minimum que le contrat, la convention collective ou l'accord collectif peut déroger dans un sens favorable. Ainsi, dans le domaine des rapports individuels, la Convention peut accorder un salaire minimum plus élevé, des congés plus longs, des indemnités de licenciements plus importants.

Dans le domaine des rapports collectifs, elle peut augmenter les heures de crédits accordés aux délégués du personnel.

L'ordre public absolu concerne le texte d'origine étatique ou les avantages ou garanties échappant par leur nature aux rapports conventionnels[261]. D'une manière générale, les règles d'ordre public

---

[260] Article 258 du Code du travail.

absolues qui ne peuvent faire l'objet de dérogations, même dans un sens favorable, sous celles relatives aux compétences d'attribution des juridictions ou encore celles relatives au travail des enfants et des femmes.

## Chapitre 18- La Caisse Nationale de Sécurité Sociale

L'avènement d'un système de sécurité sociale dans notre territoire a été rendu possible grâce à la loi n° 52/1322 du 15 décembre 1952 portant Code du travail des territoires d'Outre-mer. En effet, le Code du travail de 1952 contenait un corps d'éléments essentiels de la sécurité sociale qui ont été adaptés à l'évolution économique et sociale des territoires africains.

En ce qui concerne notre territoire, la couverture sociale s'est faite essentiellement en trois étapes: il y a eu d'abord la naissance du régime des fonctionnaires suivi de celui des travailleurs salariés, les deux gérés par deux caisses distinctes. Enfin, il sera procédé à la fusion des caisses en 2008 aboutissant ainsi à la naissance de l'actuelle Caisse Nationale de Sécurité Sociale (CNSS).

**-Régime des fonctionnaires**

Le régime des fonctionnaires trouve sa source dans le décret n° 53-385 du 28 avril 1953 portant création et organisation de la Caisse Locale des Retraites en Côte Française des Somalis, promulgué par arrêté n° 662 du 27 mai 1953[262]. Celle-ci sera dénommée en 1968 "Caisse locale des retraites du Territoire Français des Afars et des Issas"[263], en raison du changement d'appellation du territoire opérée par la loi n° 67-521 du 3 juillet 1967 relative à l'organisation du Territoire[264].

---

[262] JO CFS du 1er juin 1953, p. 182.

[263] Arrêté n° 885/SG/CD du 7 juin 1968 rendant exécutoire la délibération n° 479/6éme L. du 24 mai 1968 portant création d'un établissement public territorial dénommé "Caisse locale de retraites du Territoire Français des Afars et des Issas" (JO TFAI du 25 juin 1968, p. 184)

[264] Loi n° 67-521 du 3 juillet 1967 relative à l'organisation du Territoire promulgué en CFS par l'arrêté n° 1379 du 5 juillet 1967 (JO CFS du 10 juillet 1967).

Devenue indépendante, la République de Djibouti opte pour la reprise des dispositions mises en place pendant la colonisation en les améliorant. Dans un premier temps, la Caisse locale de retraites change d'appellation et est baptisée Caisse Nationale des Retraites (CNR) des fonctionnaires et assimilés[265]. Dans un second temps, il est procédé à son réorganisation par la loi du 28 octobre 1992[266]. En application du décret du 23 décembre 1993 pris sur le fondement de ladite loi[267], la Caisse cessa de fonctionner comme services regroupés. En effet, avant cette date, l'ordonnancement des pensions de retraite était effectué par la Direction des finances tandis que le paiement des dépenses était assuré par le Trésor public. Comme la Caisse des dépôts n'existe pas en tant qu'institution financière autonome, les cotisations pour la retraite versées par les fonctionnaires et l'État étaient confondues dans les liquidités du Trésor public. Ces raisons ont donc poussé le Gouvernement à réorganiser, en 1992, la CNR en la rendant autonome.

**-Régime des travailleurs salariés**

Le régime des travailleurs salariés est issu, d'une part, de l'arrêté n° 62/12/SPCG du 25 janvier 1962[268] modifié par l'arrêté n° 68/12/SCPG du 24 janvier 1963[269] et par l'arrêté n° 64/127/SCPG du 14 octobre 1964 instituant en Côte Française des somalis un régime des prestations familiales et, d'autre part, de la délibération n° 270/6ème L. du 26 mars 1966 portant création en Côte Française des Somalis d'une Caisse de Compensation des Prestations familiales et des

---

[265] Arrêté n° 78-0661/PR/FP du 20 juin 1978 portant changement d'appellation de la Caisse locale des Retraites en Caisse Nationale des Retraites de fonctionnaires et assimilés.

[266] Loi n° 3/AN/92/2ème L. du 28 octobre 1992 portant réorganisation de la Caisse Nationale de Retraites.

[267] Décret n° 93-142 PR/FP du 23 décembre 1993 portant réglementation financière de la Caisse Nationale de Retraites

[268] JO CFS du 31 janvier 1962, p. 11.

[269] JO CFS du 31 janvier 1963 p. 11.

Accidents du travail rendue exécutoire par l'arrêté n° 447 du 29 mars 1966[270].

Le régime "Accidents du travail et maladies professionnelles" institué cinq plus tôt relevaient, avant cette date, des entreprises régies par le décret du 14 juin 1938, c'est-à-dire des compagnies d'assurances, comme le prévoyait le décret du 24 février 1957. C'est donc l'arrêté du 29 mars 1966 qui confie la gestion du risque accidents du travail et maladies professionnels à la Caisse pour compter du 1er janvier 1967.

En 1969, la Caisse de Compensation des Prestations familiales et des Accidents du travail est allégée dans sa dénomination pour être baptisée plus sobrement Caisse des Prestations Sociales (CPS)[271].

Trois années plus tard, un service médical interentreprises (SMI) est institué par la délibération n° ° 220/7ème L. portant modification de certains articles du Code du travail dans les territoires d'outre-mer et créant un établissement public territorial rendue applicable par l'arrêté n° 72-60/SG/CG du 12 janvier 1972[272]. Ce nouvel établissement inauguré en novembre 1972 vise à remédier d'une part aux difficultés qu'éprouvaient certains employeurs dans la prise en charge médicale des salariés et de leurs familles; et d'autre part, à "professionnaliser" la médecine dans une structure organisée censée réduire la médecine traditionnelle et ses dangereuses pratiques. En effet, des pratiques telles que l'ablation des amygdales, la section de la luette ou celle de l'épiglotte avaient cours à cette époque dans le territoire, en entraînant, la plupart du temps, infection et complications.

---

[270] JO CFS du 1er avril 1966, p. 69.

[271] Arrêté n° 69-1883/SG/CG du 31 décembre 1969 portant organisation et fixant les règles de fonctionnement ainsi que le régime financier de la Caisse des Prestations Sociales (JO TFAI du 10 janvier 1970, p. 15).

[272] Arrête n° 72-60/SG/CG du 12 janvier 1972 pris pour l'application de la délibération n° 220/7ème L. du 10 décembre 1971 (JO TFAI du 25 janvier 1972, p. 49).

Cette logique d'implantation de la médecine moderne et de renforcement de la couverture médicale des travailleurs salariés dans le territoire se voit confirmée par l'ouverture du "SMI deux" inauguré en avril 1975, soit à peine plus de deux années après le premier. Ce second SMI est édifié dans un autre arrondissement de la ville de Djibouti en complément du premier.

Le régime de la retraite a été, quant à lui, mis en place qu'en décembre 1975, soit une année et demi avant l'accession de notre pays à la souveraineté[273]. Cet aboutissement est la résultante de la persistance des revendications syndicales qui obligera l'administration coloniale à étendre sur le tard cet avantage à l'ensemble des travailleurs régis par le Code du travail. Ainsi sera institué un régime de retraite dont la gestion est à nouveau confiée à la CPS.

**-Naissance de la Caisse Nationale de Sécurité sociale**

Lors de l'indépendance, on dénombrait donc deux régimes de prévoyance sociale, à savoir le régime particulier des fonctionnaires et celui général des travailleurs salariés régis par le Code du travail. Ces deux régimes étaient gérés par deux organismes distincts, la CPS et la CNR, qui légalement étaient indépendants.

Aussi, au sein du régime général des travailleurs salariés, le régime des prestations familiales, celui des accidents du travail et des maladies professionnelles étaient gérés par la CPS; alors que le régime des soins aux travailleurs salariés et leurs familles était géré par les SMI. Juridiquement, les SMI étaient distincts de la CPS. Durant les vingt premières années postérieures à l'indépendance, le législateur djiboutien n'a pas apporté de modification à cette situation et a maintenu cette dualité organique ou structurelle.

---

[273] Délibération n° 167/8ème L. du 24 décembre 1975 rendue exécutoire par l'arrêté n° 75-2459 /SG/SG du 31 décembre 1975 et portant création du régime général de retraite des travailleurs salariés (JO TFAI du 1er janvier 1976, p. 7).

Mais, cette situation entraînait beaucoup d'inconvénients, notamment sur le plan du fonctionnement des deux organismes et sur le plan financier concernant la répartition des charges d'investissement public et de gestion des différents régimes. Ainsi, la loi du 6 mai 1997 met un terme à cette situation en procédant à la fusion de la CPS et des SMI en une seule institution dénommée Organisme de Protection Sociale (OPS). Suite à l'intervention de cette loi, l'OPS, établissement public autonome, gérait les trois régimes des prestations familiales, accidents du travail et maladies professionnelles, retraite ainsi que les prestations de soins servies aux travailleurs et à leurs familles.

En 2002, un rapport d'audit commandé par le Gouvernement met en évidence un déficit financier de l'OPS et de la CNR et, subséquemment l'épuisement de leurs réserves. Cette situation financière due principalement à la faiblesse des taux de recouvrement des cotisations et de la générosité des prestations servies conduit les autorités publiques à fusionner par la loi du 19 janvier 2008 les établissements publics de l'OPS et de la CNR en une seule institution, dénommée la Caisse Nationale de Sécurité Sociale (CNSS)[274].

Si l'on récapitule, depuis l'intervention de cette loi et de la mise en place de l'Assurance Maladie Universelle (AMU) en 2014[275], la CNSS assure:

-les prestations anciennement servies par la CNR et l'OPS (retraite, prestations familiales, prestations aux travailleurs subordonnés victimes d'accidents de travail ou de maladies professionnelles);
-des prestations de soins aux travailleurs indépendants immatriculés et leurs familles;

---

[274] Loi n° 212/AN/ 07/5ème L. du 19 janvier 2008 portant création de la Caisse Nationale de Sécurité Sociale.
[275] Loi n° 24/AN/14/7ème L. du 5 février 2014 portant mise en place de l'Assurance Maladie Universelle (AMU) modifiée par la loi n° 109/AN/15/7ème L. du 10 décembre 2015.

-des prestations de soins aux fonctionnaires et leurs familles;
-des prestations de soins aux étudiants au titre de l'AMU;
-des prestations de soins aux personnes jugées démunies et identifiées comme n'ayant pas revenus par les autorités compétentes au titre de l'AMU.

Nous étudierons successivement l'organisation administrative (Section 1) et financière (Section 2) de la CNSS.

## Section 1 - L'organisation administrative de la CNSS

Les articles 25 et suivants de la loi 19 janvier 2008 portant création de la Caisse Nationale de Sécurité Sociale prévoient que les services et le personnel de la Caisse (§ 3)) sont placés sous l'autorité d'un directeur nommé selon la réglementation en vigueur (§2).

Quant au Conseil d'Administration (§1) qui administre la CNSS, sa composition fixée selon l'article 13 de la loi précitée; figurent notamment au Conseil d'Administration, selon une formule paritaire, des représentants des employeurs, des travailleurs et des retraités.

C'est le décret n° 2016-320/PR/MTRA du 28 novembre 2016 qui précise et complète les règles relatives à l'organisation et au fonctionnement de la CNSS.

### § 1 - Le Conseil d'Administration

L'article 13 de la loi du 19 janvier 2008 précitée dispose que la CNSS est administrée par un Conseil d'Administration de 12 membres comprenant:

- 1 représentant de la Présidence de laRépublique ;
- 1 représentant de laPrimature ;
- 1 représentant du ministère derattachement ;
- 1 représentant du ministère desFinances ;
- 1 représentant du ministère de laSanté ;
- 1 représentant des employeurs du secteurparapublic ;
- 2 représentants des employeurs du secteurprivé ;
- 2 représentants des travailleurs actifs du public et du privé ;
- 2 représentants des retraités du public et duprivé.

Les membres du Conseil d'Administration sont nommés pour trois ans, par décret. Leur mandat est renouvelable sans limitation. Lorsqu'une vacance se produit parmi les membres du Conseil d'Administration, il est pourvu à son remplacement par désignation dans un délai maximal de deux mois.

Aucun traitement ou avantage ne peut être alloué par la Caisse aux administrateurs. Toutefois, leurs frais de déplacement leur sont remboursés sur justification.

En principe, le Conseil d'Administration règle par ses délibérations les affaires de la Caisse. Ses pouvoirs sont prévus par les articles 22, 24 et 30 de la loi du 19 janvier 2008. Sur la base de ces dispositions, il est notamment chargé de :

- voter le budget proposé par le Directeur général à la fin de chaque année;
- approuver tout acte susceptible d'augmenter, modifier ou diminuer le patrimoine de la Caisse;
- approuver l'organigramme et le règlement intérieur de la Caisse proposé par le Directeur général;
- statuer sur les projets de réglementation concernant l'organisation du régime administratif et financier de la Caisse, les règles relatives aux taux et à l'assiette des cotisations;

- approuver au préalable toutes les décisions de délégation ou de suppléance du Directeur général.

Le Conseil d'Administration est un organe collégial. Il se réunit sur convocation de son Président, le représentant nommé par le Président de la République, au moins une fois par trimestre en session ordinaire. Il peut se réunir en une réunion extraordinaire soit sur demande des deux tiers de ses membres, soit sur convocation du Président.

**§ 2 - Le Directeur général de la Caisse**

Le Directeur général de la Caisse est nommé par décret pris en Conseil des Ministres, sur la proposition du ministre de tutelle, après avis du Conseil d'Administration. Le Directeur assure le fonctionnement de la Caisse sous le contrôle du Conseil d'Administration. Il fixe l'organisation du travail dans les services et gère le personnel de la Caisse. Il est assisté par deux Directeurs généraux adjoints nommés par le ministre de tutelle, sur proposition du Directeur général.

Il assiste aux réunions du Conseil d'Administration avec voix consultative. Il est révoqué par décret pris en Conseil des Ministres sur proposition du ministre du Travail.

**§ 3 - Le personnel de la Caisse**

Le personnel de la Caisse, reparti entre plusieurs services, comprend soit des agents recrutés sur contrat, soit des fonctionnaires placés en position de détachement. La première catégorie est régie par le Code du travail et la convention collective applicable aux agents contractuels de l'Administration et des Établissements publics du 26 décembre 2011 alors que la seconde est régie par le droit de la fonction publique.

Les agents de contrôle de la CNSS sont habilités à constater les infractions à la législation et à la réglementation des régimes de sécurité sociale dans les entreprises ou établissements par des rapports écrits au vu desquels l'inspecteur du Travail pourra dresser procès-verbal conformément au Code du travail.

Ces agents de contrôle prêtent serment devant le Tribunal du travail. Dans l'exercice de leurs fonctions, ils bénéficient des mêmes protections que les inspecteurs et les contrôleurs du Travail.

Les employeurs sont tenus de recevoir pendant les heures d'ouverture les inspecteurs et contrôleurs de la CNSS. Les oppositions ou obstacles à leur égard sont passibles des mêmes peines que celles prévues par les articles 290 et 291 du Code du travail.

### § 3 - L'agent comptable

L'agent comptable est nommé pour une durée de 3 ans renouvelable une fois, par arrêté pris en Conseil des Ministres, sur proposition du ministre du budget, après avis du Conseil d'Administration. Il peut être révoqué selon la même procédure.

Les opérations financières de la Caisse en recettes et en dépenses et le maniement des deniers sont effectués par l'Agent comptable qui est chargé seul sous sa responsabilité et sous le contrôle du Conseil d'Administration de l'ensemble des opérations financières ou de conservation du patrimoine de la Caisse.

Il constitue un cautionnement avant sa prise de fonction. Toutefois, il exerce ses attributions sous l'autorité administrative du Directeur de la Caisse.

### Section 2 - L'organisation financière de la CNSS

Le régime de la sécurité sociale en République de Djibouti est un système contributif dont le financement est assuré par des cotisations. Selon les recommandations de l'Organisation Internationale du Travail (OIT) n° 67 et 69 adoptée dès 1944, le financement du régime de la sécurité sociale est assuré entre autres par les cotisations obligatoires des travailleurs et des employeurs dont la loi détermine les taux (§1), l'assiette (§2), le recouvrement (§3) et la nature des sanctions encourues en cas de défaut de paiement (§4).

#### § 1 - Les taux

Les ressources de la CNSS sont principalement constituées par les cotisations destinées au financement des différents régimes de la sécurité sociale. Elles sont constituées de la part salariale et de celle de l'employeur. Cependant, à l'exclusion du régime accident du travail et maladies professionnelles dont les cotisations sont supportées par l'employeur, les cotisations de la sécurité sociale sont partagées entre le salarié et l'employeur.

Pour couvrir d'une part, les prestations qu'elle sert, et d'autre part ses frais de fonctionnement, la Caisse dispose annuellement d'un budget fixé par le Conseil d'Administration. Ce budget est alimenté par des cotisations d'un taux de 21,7 % reparti (voir tableau ci-dessous).

**Tableau 1 : Les taux de cotisations applicables au régime général au 1er janvier 2018**

| Catégorie de prestation | Taux part patronale | Taux part salariale | Total |
|---|---|---|---|
| **Prestation familiale** | 5,5 % | | **5,5 %** |
| **Accident de travail et maladie professionnelle** | 1,2 % | | **1,2 %** |
| **Retraite** | 4 % | 4 % | **8 %** |
| **Assurance maladie obligatoire** | 5 % | 2 % | **7 %** |
| **Total taux des cotisations** | **15,7 %** | **6 %** | **21,7 %** |

***Sources :*** ***Loi n° 154/AN/02/4ème L. du 31 janvier 2002 portant codification du fonctionnement de l'OPS et du régime général de retraite des travailleurs salariés; la loi n° 24/AN/02/4ème L. du 5 février 2014 modifiée par la loi n° 109/AN/15/7ème L. du 10 décembre 2015.***

Les rémunérations des salariés ne sont prises en compte pour le calcul des cotisations des régimes des prestations familiales et risques professionnels que jusqu'à concurrence de 400 000 FDJ. En conséquence, la partie du salaire qui dépasse le plafond est exonéré. En revanche, les rémunérations à prendre en compte pour le calcul des cotisations du régime des retraites sont déplafonnées[276].

L'employeur calcule le montant de la part salariale et de la part patronale en multipliant le salaire soumis à cotisation par le taux légal des cotisations par régime.

Concernant les travailleurs indépendants, les cotisations sont assurées exclusivement par eux-mêmes dans la mesure où ils

[276] Article 1erde l'arrêté n° 2015-605/PR/MTRA du 11 octobre 2015 portant modification du plafonnement des recettes entrant en compte pour la détermination de l'assiette des cotisations dues à la CNSS.

exercent une profession pour leur propre compte et n'ont pas d'employeur. Selon la loi du 20 février 2013 étendant les prestations soins aux travailleurs indépendants, ces derniers ne cotisent que pour le régime soins à hauteur de 7 %.

### § 2 - L'assiette des cotisations

Les cotisations sont assises sur l'ensemble des salaires y compris les avantages en nature et indemnités diverses versées par l'employeur à son personnel salarié à l'exception des indemnités ayant le caractère de remboursement de frais.

Dans tous les cas, le montant du salaire à prendre en compte pour base de calcul des cotisations ne peut être inférieur au salaire minimum interprofessionnel garanti issu de la loi n° 221/AN/17/8éme L. du 25 juin 2018 modifiant et complétant la loi n° 133/AN/05/5ème L du 28 janvier 2006 portant Code du travail **c'est-à-dire 35 000FDJ**

### § 3 - Le recouvrement des cotisations

Le recouvrement des cotisations est une mission très importante. De ses performances dépend, en grande partie, l'équilibre financier du régime des salariés.

Tout employeur est tenu au paiement non seulement de ses propres cotisations, mais aussi de celles de ses salariés qu'il emploie. En application du principe du précompte, il doit en effet retenir sur le salaire qu'il verse aux travailleurs le montant des cotisations dues par ceux-ci, et les verser directement à la Caisse. Le salarié ne peut pas s'opposer au prélèvement de cette contribution.

Les cotisations doivent être versées à la CNSS dans les quinze premiers jours de chaque trimestre au titre des rémunérations payées à leur personnel durant le trimestre antérieur[277].

À l'appui de ses versements, l'employeur doit faire une déclaration écrite, conforme au modèle prescrit par la CNSS indiquant notamment le nombre de salariés occupés dans l'entreprise, le montant global des rémunérations réglé à ce personnel durant le trimestre antérieur, et la répartition des cotisations versées à chacun des régimes de la sécurité sociale [278].Ces documents sont très importants car ils permettent à la Caisse de vérifier non seulement les bases de calcul des cotisations mais aussi le respect par l'employeur de ses obligations préliminaires d'immatriculation de tous les travailleurs qu'il occupe.

À l'expiration du délai de recouvrement, si l'employeur n'exécute pas ses obligations légales, la Caisse peut déclencher la procédure de recouvrement forcé avant la phase ultime des sanctions.

L'action en poursuite intentée par la Caisse est précédée d'une mise en demeure par lettre recommandée avec accusé de réception invitant le débiteur à régulariser sa situation dans un délai compris dans un délai de quinze jours.

Les mises en demeure non suivies d'effet dans le délai imparti sont transmises au service du contentieux aux fins de recouvrement par voie de contrainte. La contrainte visée et rendue exécutoire dans un délai de cinq jours ouvrables par le président du tribunal du travail, produit les mêmes effets qu'un jugement[19].

---

[277] Article 134 de l'arrêté n° 69-1883/SG/CG du 31 décembre 1969 portant organisation et fixant les règles de fonctionnement ainsi que le régime financier de la Caisse des Prestations Sociales (JO TFAI du 10 janvier 1970, p. 15).
[278] Ibid., article 135

Toutefois, l'employeur peut, dans les quinze jours de la signification de la mise en demeure, faire opposition à l'exécution de la contrainte en exerçant un recours devant le tribunal du travail pour contester la réalité ou le montant de la dette[279].

## § 4 - Les sanctions du défaut de paiement des cotisations

L'employeur qui ne s'acquitte pas de ses obligations en matière de recouvrement encourt deux types de sanctions: des sanctions civiles (A) et des sanctions pénales (B).

### *A - Les sanctions civiles*

Les sanctions civiles se traduisent par des pénalités consistant en des majorations ou taxations d'office afin d'inciter les employeurs à s'acquitter de leurs cotisations dans les délais ou à faire la déclaration prescrite:

- En cas de retard de versement des cotisations, il est appliqué une majoration de retard dont le taux est de 10 % des sommes dues, augmentées après l'expiration d'un délai de trois mois à compter de la date d'échéance des cotisations de 3 % par trimestre ou fraction de trimestre de retard supplémentaire[280].

- En cas de retard inférieur ou égal à un mois dans la déclaration des salaires, il peut être infliger à l'employeur une astreinte d'un montant de 200 FDJ par salarié ou assimilé figurant sur la dernière déclaration produite par l'employeur, sans qu'elle puisse excéder vingt mille Francs Djibouti. Cette astreinte est majorée de la même

---

[279]Idem.

[280] Ibid., article137.

somme, dans la même limite, pour chaque mois ou fraction de mois de retard supplémentaire[281].

### *B - Les sanctions pénales*

Le non-paiement des cotisations sociales ou la rétention indue des cotisations précomptées par l'employeur caractérise les infractions prévues par la loi. Elles sont passibles des peines de troisième catégorie prévues par la délibération n° 450/6ème L du 13 janvier 1968[282].

L'action résultant de ces infractions se prescrit par un an à compter de l'expiration du délai qui suit la mise en demeure[283].

---

[281] Ibid., article 136.

[282] Voir le tableau annexé à la délibération n° 450/6ème L du 13 janvier 1968, JO TFAI du 10 février 1968 p. 34.

[283] Article 11 de la loi n°188/AN/85/ère L. du 31 décembre 1985 fixant les procédures de recouvrement des cotisations sociales dues à la Caisse Nationale des Prestations Sociales.

# Chapitre 19- Le régime des accidents de travail et maladies professionnelles

Au lendemain du Code civil, le salarié qui était victime d'un accident ne touchait que des dommages et intérêts, comme toute autre personne, que s'il pouvait établir quel était le responsable envers lui, par la suite d'une faute. Quand le salarié se blessait lui-même, il n'avait aucun droit, ni lorsque de l'accident demeurait inconnue, alors même qu'il avait été provoqué par une chose dont le gardien serait aujourd'hui responsable, la responsabilité du fait des choses n'ayant été découverte dans l'article 1384 du Code civil dans l'arrêt Jand'heur de la Cour de cassation française du 13 février 1930. Cela était très dur pour le salarié qui, le plus souvent, devait supporter les frais des soins nécessités par son état, perdait ses journées de travail et, s'il restait atteint d'une incapacité permanente, diminuant ses facultés de travail, se trouvait dans les plus grandes difficultés pour vivre et faire vivre sa famille, sans parler de la situation lamentable de cette famille en cas de décès du salarié.

Cette situation découlant de l'application des règles du Droit civil, ne pouvait se maintenir et devenait intolérable à mesure qu'au cours du XIXème siècle la masse des salariés augmentait, le travail devenait dangereux et la mentalité générale plus sociale. Peu à peu se développe l'idée selon laquelle le fait d'utiliser des ouvriers les expose à des risques et qu'il est équitable que l'employeur supporte les conséquences pécuniaires des accidents survenus dans son entreprise. Cette théorie fut consacrée, en France, pour les ouvriers travaillant dans des entreprises particulièrement dangereuses, par la loi du 9 avril

1898[284], et étendue à tous les salariés par la loi du 30 octobre 1946 qui, en outre, assimile aux accidents les maladies professionnelles[285].

Dans notre territoire, c'est le décret n° 57-245 du 24 février 1957, modifié par le décret n° 57-829 du 23 juillet 1957 [286] et l'ordonnance n° 58-875 du 24 décembre 1958[287] qui pose les principes généraux du régime des accidents du travail et des maladies professionnelles. Les autorités locales (chefs de territoires et assemblées territoriales) recevaient compétence pour régler les conditions d'application de ce décret, conformément à la politique de décentralisation réalisée par la loi-cadre (loi n° 56-619 du 23 juin 1956[288]) autorisant le Gouvernement français à mettre en œuvre les réformes et à prendre les mesures propres à assurer l'évolution des territoires d'outre-mer.

Le décret de 1957 confiait la gestion du régime aux Caisses de Compensation des prestations familiales; mais à titre transitoire, ce décret laissait à chaque territoire la possibilité de confier cette gestion aux compagnies privées d'assurances. C'est la solution qu'a choisie le territoire de la Côte Française des Somalis par délibération n° 37 du 19 mai 1959 fixant les conditions dans lesquelles la couverture des risques définis par le décret modifié du 24 février 1957 est confiée aux Entreprises d'assurance[289]. Les employeurs étaient donc tenus de souscrire une police d'assurances pour leurs travailleurs.

---

[284] Loi du 9 avril 1898 concernant les responsabilités dans les accidents du travail (JORF du 10 avril 1898 p. 2209)

[285] Loi n° 46-2426 du 30 octobre 1946 sur la prévention et la réparation des accidents du travail et des maladies professionnelles (JORF du 31 octobre 1946 p. 1203)

[286] JO CFS du 30 septembre 1957, p.392.

[287] JO CFS du 31 octobre 1958, p. 255.

[288] La loi n° 67-521 du 3 juillet 1967 relative à l'organisation du Territoire français des Afars et des Issas (*JORF* du 4 juillet 1967, p. 6643) promulguée en CFS par l'arrêté n° 1379 du 5 juillet 1967 (JO CFS du 10 juillet 1967, p. 1) fixe un statut renouvelé d'administration et de gestion pour le territoire.

[289] JO CFS du 20 août 1959 p. 1.

La délibération n° 270/6ème L. du 26 mars 1966 portant création en Côte Française des Somalis d'une Caisse de Compensation des Prestations familiales et des Accidents du travail rendue applicable par l'arrêté n° 447 du 29 mars 1966[290] est venue retirer la gestion du risque d'accidents de travail aux compagnies d'assurances pour la confier à cette caisse nouvellement créée.

Quelques années plus tard, un service médical interentreprises (SMI) est institué par la délibération n° 220/7ème L. portant modification de certains articles du Code du travail dans les territoires d'outre-mer et créant un établissement public territorial rendue applicable par l'arrêté n° 72-60/SG/CG du 12 janvier 1972[291]. Ce nouvel établissement inauguré en novembre 1972 a pour objet de remédier aux difficultés qu'éprouvaient certains employeurs dans la prise en charge médicale des salariés accidentés du travail et de leurs familles.

Les lois et règlements postérieurs, notamment ceux intervenus après l'indépendance (1977) ont maintenu peu ou prou les principes posés par le décret du 24 février 1957. Précisons que toutes les règles applicables en matière d'accidents du travail sont valables pour les maladies professionnelles. La date de la première constatation médicale de la maladie professionnelle est assimilée à la date de l'accident[292].

Il convient de dégager le champ d'application (Section 1) et les règles de réparation des accidents du travail et des maladies professionnelles (Section 2).

---

[290] JO CFS du 1er avril 1966, p. 69.

[291] Arrête n° 72-60/SG/CG du 12 janvier 1972 pris pour l'application de la délibération n° 220/7ème L. du 10 décembre 1971 (JO TFAI du 25 janvier 1972, p.49).

[292] Article 135-3 du Code du travail.

## Section 1 - Le champ d'application du régime

Il vise à préciser les contours des notions d'accidents du travail et de maladies professionnelles d'une part (§ 1), et les personnes bénéficiaires du régime d'autre part (§ 2).

### § 1 - Les notions d'accidents du travail et de maladies professionnelles

D'après l'article 2 du décret du 24 février 1957 précité:" Est considéré comme accident du travail, quelle qu'en soit la cause, l'accident survenu par le fait ou à l'occasion du travail (…) .Sont également considérés comme accident du travail l'accident survenu à un travailleur pendant le trajet de sa résidence et vice-versa, dans la mesure où le parcours n'a pas été interrompu ou détourné par un motif dicté par l'intérêt personnel ou indépendant de son emploi et l'accident survenu pendant les voyages dont les frais sont mis à la charge de l'employeur (…)".

Ainsi, toute lésion apparue de manière soudaine par le fait ou à l'occasion du travail est présumée être un accident du travail de même les accidents de trajet et ceux survenus lors d'une mission professionnelle. L'accident survenu dans ces conditions est réparé selon les modalités fixées par le décret du 24 février 1957[293].

Pour ce qui concerne les maladies professionnelles, il est nécessaire que cette maladie soit imputable à la nature du travail effectué. La délibération n° 38 du 23 mai 1959 fixant les modalités d'application

---

[293] Et non, s'il s'agit en même temps d'un accident de circulation, selon les modalités issues du décret n° 2000-0204/PR/MEFPCP du 20 juillet 2000 relatif à l'indemnisation des victimes de la circulation et des dispositions du Code civil (Arrêt n° 102/C/AG/17 du 18 juin 2017 de la Cour suprême du 18 juin 2017, Société A.T.M Trading Co/Houssein Hassan Fod). Dans le même sens, voir arrêt n° 90/C/AG/08 de la Cour suprême du 27 octobre 2008, Omar Ibrahim Moussa/Jean Paul Cornu, Directeur de l'entreprise ENGETRA).

du décret modifié du 24 février 1957 sur la réparation des accidents du travail et des maladies professionnelles[294] a énuméré, dans son annexe, les affections susceptibles d'être engendrées par le travail et qui ouvrent droit au bénéfice des dispositions du régime des accidents du travail.

### § 2 - Les personnes bénéficiaires du régime

Les personnes couvertes par le régime sont les travailleurs soumis aux dispositions du Code du travail et ce quelle que soit la nature du contrat. À ces personnes, viennent s'ajouter d'autres catégories énumérées par l'article 2 du décret n° 57-245 du 24 février 1957, modifié par le décret n° 57-829 du 23 juillet 1957. Ce sont :

- les apprentis titulaires de contrat d'apprentissage[295];
- les présidents directeurs et directeurs généraux des sociétés anonymes;
- les élèves des établissements d'enseignement technique et les personnes placées dans des centres de formation ou de réadaptation à la suite d'accident survenu au cours de leur formation;
- Les détenus exécutant un travail pénal et victimes d'un accident à l'occasion de ce travail;

L'article 139 du Code des Affaires Maritimes[296] prévoit aussi l'application du régime des accidents du travail aux marins dans des conditions particulières.

Enfin, la loi portant création de la CNSS[297], en son article 6, laisse la possibilité aux personnes non visées par ses dispositions de s'assurer

---

[294] JO CFS du 20 août 1959, p. 3.

[295] V. sur ce point, le décret n° 2017-327/PR/MTRA du 08 octobre 2017 fixant les conditions de fond et de forme, les effets et les mesures de contrôle de l'exécution du contrat d'apprentissage.

[296] Loi n° 212/AN/82 du 18 janvier 1982 portant Code des affaires maritimes.

volontairement auprès de la CNSS et de bénéficier des prestations dans des conditions à déterminer par décret.

## Section 2- La réparation des accidents du travail et des maladies professionnelles

La réparation est subordonnée à une formalité particulière (la déclaration d'accident) (§1) et consiste en diverses prestations fournies au travailleur accidenté du travail (§2)

### §1-La déclaration de l'accident de travail

Tout accident du travail ou maladie professionnelle doit être déclaré à l'Inspection du travail et à la CNSS dans les quarante-huit heures qui suivent l'accident. Cette déclaration doit être faite en trois exemplaires par l'employeur[298]. Elle est suivie des documents portant sur l'accident: certificat de constatation de la blessure signé du médecin; attestation de l'employeur relative au salaire perçu par le travailleur pendant les trente jours précédant l'accident et le nombre de journées et d'heures correspondant à cette période; le rapport de police ou de la gendarmerie en cas d'accident de trajet.

Si l'employeur ne déclare pas l'accident ou la maladie professionnelle, indépendamment des sanctions pénales auxquelles il s'expose[299], la

---

[297] Loi n° 212/AN/07/5ème L. du 19 janvier 2008 portant création de la Caisse Nationale de Sécurité Sociale (CNSS).

[298] Arrêt n° 60/C/AG/11 du 27 avril 2011 de la Cour suprême de Djibouti, Société Najwal-Aluminium de Djibouti/Mohamed Ibrahim Abdi et OPS : dans cette décision, la Cour fait supporter financièrement à l'employeur les conséquences dommageables subis par un salarié accidenté du travail en estimant que le simple fait de conduire le salarié aux structures de soins de l'OPS pour y recevoir les premiers soins ne constitue nullement la déclaration de travail prescrite par la loi, et ne peut donc la suppléer.

[299] L'article 288 du Code du travail punit d'une amende de cent mille francs (100 000 francs) à deux cent mille francs (200 000 francs) et en cas de récidive de deux cent mille francs (200 000 francs) à quatre cent mille francs (400 000 francs), les

victime ou ses ayants droit, peuvent en application de l'article 135-2 du Code du travail, faire eux-mêmes la déclaration jusqu'à l'expiration de la deuxième année suivant la date de l'accident ou de la première constatation médicale de la maladie professionnelle.
Le certificat médical de constatation de l'accident du travail ou de la maladie professionnelle délivré par un médecin extérieur à la CNSS doit être validé, au final, par un médecin de la CNSS.

**Tableau 7 : Évolution du nombre des déclarations d'AT enregistrées et prises en charge**

| Année | 2008 | 2009 | 2010 | 2011 | 2012 | 2013 | 2014 | 2015 | 2016 | 2017 |
|---|---|---|---|---|---|---|---|---|---|---|
| **Nombre des accidents de travail& maladies professionnelles** | 1108 | 1222 | 939 | 954 | 1029 | 960 | 995 | 1270 | 1081 | 930 |

**Source :** CNSS 2018

### § 2 - Les prestations servies aux travailleurs accidentés du travail

C'est la loi n° 154/AN//02/4ème L. du 31 janvier 2002 et les délibérations n° 38 du 23 mai 1959[300] et n° 4/9ème L. du 4 juin 1977 qui fixent principalement les règles d'attribution des prestations aux victimes des accidents de travail[301].

Ces textes prévoient la dispense de soins médicaux nécessités par la lésion résultant de l'accident du travail (A), le versement d'indemnités journalières à la victime dans le cas d'un simple arrêt de travail (B) ou le paiement d'une rente lorsque la victime est atteinte d'une incapacité permanente ou a succombé à ses blessures (C).

---

personnes qui ont omis de faire la déclaration prévue à l'article 135 du Code du travail en matière d'accident du travail ou maladie professionnelle.
[300] JO CFS 20 août 1959, p. 3.
[301] JO TFAI du 23 juin 1977, p. 182.

***A - Les soins médicaux nécessités par la lésion résultant de l'accident du travail ou de la maladie professionnelle***

Les soins médicaux nécessités comprennent l'assistance médicale et chirurgicale, les examens médicaux et radiographiques, les examens de laboratoire et les analyses, la fourniture de produits pharmaceutiques, la fourniture d'entretien et de renouvellement des appareils de prothèses et d'orthopédie nécessités par l'infirmité résultant de l'accident et reconnus indispensables par le médecin.

Tous ces soins sont fournis par la CNSS ou par les établissements choisis par la CNSS comme partenaires contractuels. Ils font l'objet d'un remboursement sur la base du tarif forfaitaire établi par voie d'accord entre ces établissements et la CNSS.

***B-Les indemnités journalières***

L'indemnité journalière est versée par la CNSS à la victime à partir du premier jour qui suit l'arrêt du travail dû à l'accident, sans qu'il y ait de distinction entre jours ouvrables, vendredi ou jours fériés; cette indemnité est due jusqu'à la guérison complète, à la consolidation de la blessure, à la rechute ou à l'aggravation, ou au décès du travailleur.

Selon les dispositions de l'article 104 de la loi du 31 janvier 2002 précitée, l'indemnité journalière est égale à **la moitié du salaire (50 %)** pendant les vingt-neuf (29) premiers jours. Au-delà du vingt-neuvième (29ème) jour, le taux de l'indemnité est porté aux **deux tiers du salaire (75 %).**

Les pièces à fournir pour l'obtention des indemnités journalières sont les suivantes: une déclaration d'accident du travail sur imprimé fourni par la CNSS; le bulletin du salaire du mois précédent celui de l'accident ou de la rechute; le certificat médical de constatation de blessure; un certificat médical de prolongation s'il y a lieu; un certificat médical de consolidation de guérison ou de consolidation.

Si la victime travaillait depuis moins de trente jours au moment de l'arrêt de travail ou si elle n'a pas travaillé pendant la durée des trente jours précédant l'accident, le gain servant à calculer le salaire journalier de base est celui qu'elle aurait obtenu si elle avait travaillé dans les mêmes conditions pendant les trente jours.

### *C- Les rentes d'incapacité permanente*

Lorsque, après consolidation de ses lésions, la victime conserve une incapacité permanente, elle bénéficie d'une rente destinée à l'indemniser (1). En cas de décès de la victime lors de l'accident ou postérieurement, ses proches peuvent également bénéficier de rentes es qualité d'ayants droit (2).

#### 1-La rente due à la victime

Si l'accident du travail ou la maladie professionnelle a entraîné une réduction définitive de la capacité de travail de la victime dont l'état de santé s'est stabilisé, elle a droit à une rente d'incapacité à condition que le taux d'incapacité soit au moins égal à 11 %. C'est le comité d'attribution de la rente qui fixe, après avis du médecin-conseil de la CNSS, le taux d'incapacité permanente qui correspond à la réduction de la capacité professionnelle produite par l'accident du travail ou la maladie professionnelle par rapport à la capacité antérieure de la victime.

Le montant de la rente est fonction de deux variables à savoir le taux d'incapacité permanente et le salaire réel perçu par la victime dans les douze (12) mois précédant l'accident. Selon l'article 1er de la délibération du 4 juin 1977 précitée, elle est calculée comme suit :

- de 11 % à 30 % inclus: la moitié du produit du taux de la rente par le salaire annuel (R= T X S/ 2X 100);

- de 31 % à 100 % inclus: la rente est obtenue en appliquant la formule suivante:

R= T X S X(T+ 20/100).

**R représente la rente annuelle**
**T le taux de rente partielle**
**S le salaire annuel**
**Étant entendu que $\frac{(T+20)}{100}$ ne pourra être supérieur à 1**

**Exemple:**

M. Houmed, salarié dans une menuiserie à Djibouti-ville, a été victime d'un accident de circulation le 14 juin 2008 alors qu'il rentrait d'une mission pour le compte de la menuiserie. Il est conduit à l'hôpital. Cet accident entraîne l'amputation de son bras droit.

Calculons sa rente (R), sachant que son salaire annuel est de 720 000 FDJ et que le taux d'incapacité fixé par le Comité d'attribution des rentes est de 60 %.

Calcul de la rente de Houmed:

R: $\frac{60 \text{ X } 720\,000}{100 \text{x} 100}$ X ($\underline{60 + 20}$) = 345 600 FDJ

**R:$\frac{60}{100}$ x 720 000 x ($\frac{60+20}{100}$) soit R: 0,6 x 720 000 x 0,8 = 345 600 FDJ**

2-Rente due aux ayants droit en cas de décès de la victime

Lorsque la victime est décédée, la rente versée aux ayants droit ne peut être supérieure aux taux suivants fixés par les articles 74 et suivants de la délibération du 23 mai 1959 précitée :

*** Conjoint survivant:**

Le conjoint survivant, non divorcé, a droit à une rente de 30 % du salaire annuel de la victime, à condition que le mariage ait été contracté antérieurement à l'accident ayant entraîné la mort. Ce qui exclut clairement le concubinage. Par contre, lorsque le travailleur décédé laisse plusieurs veuves, la rente viagère est repartie entre elles, en parts égales.

Si le conjoint survivant divorcé ou séparé de corps a obtenu une pension alimentaire, la rente viagère qui lui est due est ramenée au montant de cette pension alimentaire, sans pouvoir dépasser 20 % du salaire annuel ayant servi de base au calcul de la rente; s'il existe un nouveau conjoint, celui-ci ne pourra pas percevoir moins de la moitié de la rente viagère de 30 %.

En cas de remariage, le conjoint survivant, s'il n'a pas d'enfant, cesse d'avoir droit à la rente; il lui est alloué, à titre d'indemnité de rachat, une somme qui ne peut être supérieure à trois fois le montant de la rente (sauf s'il y a des enfants, auquel cas le rachat est différé aussi longtemps que l'un d'eux bénéficie d'une rente d'orphelin).

*** Enfants et descendants de la victime :**

Ils ont droit à une rente équivalente à un pourcentage du salaire annuel de la victime qui varie en fonction du nombre d'enfants à charge:

- 15 %, s'il n'y a qu'un enfant à charge.
- 30 % s'il y en a deux.
- 40 % s'il y en a trois, et ainsi de suite, la rente étant majorée d'un maximum de 10 % par enfant à charge[302].

Cependant, la rente ainsi prévue peut être portée à un maximum de 20 % pour chacun des orphelins de père et de mère ou en cas de décès du conjoint survivant postérieurement à l'accident.

**NB: les rentes ainsi allouées sont collectives et réduites au fur et à mesure que les enfants cessent d'y avoir droit.**

*** Ascendants de la victime :**

Il est alloué 10 % du salaire annuel de la victime à chacun des ascendants qui, au moment de l'accident, étaient à sa charge; cette rente leur est également due si au moment de l'accident, les ascendants ne disposaient pas de ressources suffisantes.

Le total des rentes ainsi allouées aux ascendants ne doit pas dépasser 30 % du salaire annuel de la victime ayant servi de base au calcul des rentes.

En aucun cas, l'ensemble des rentes à la charge de la CNSS allouées aux différents ayants droit de la victime ne peut dépasser 85 % du montant du salaire annuel d'après lequel elles ont été établies. Si leur total dépassait le chiffre de 85 %, les rentes revenant à chaque catégorie d'ayant droit feraient l'objet d'une réduction proportionnelle.

La rente est versée trimestriellement. Elle est, comme l'indemnité journalière, insaisissable et incessible dans les mêmes conditions que le salaire.

La rente peut être révisée dans le sens de la diminution ou de l'augmentation s'il y a modification de l'état de l'assuré, c'est-à-dire s'il y a aggravation ou diminution de son incapacité. Pour permettre de suivre les modifications éventuelles de son état, l'assuré est obligé de se soumettre aux examens médicaux requis par la Caisse. Ces examens peuvent être périodiquement organisés à intervalle de six mois ou d'un an. Si l'assuré refuse de se soumettre à ces examens, la rente peut être suspendue[303].

Enfin, la rente peut être majorée pour assistance d'une tierce personne. Il en est ainsi quand la victime est dans l'impossibilité d'accomplir seul les actes de la vie courante et est donc obligée de recourir aux services d'une tierce personne. La majoration est de 40 %.

**Cas particulier de rachat de la rente :**

La rente allouée à la victime de l'accident du travail peut être remplacée en totalité ou en partie, par un capital d'après les conditions fixées par la délibération du 4 juin 1977 précitée :

- si le taux d'incapacité ne dépasse pas 20 %, le rachat porte sur la totalité de la rente et peut être effectuée immédiatement sur simple demande du titulaire, si celui-ci est majeur;

- si le taux d'incapacité est égal ou supérieur à 50 %, la tranche supérieure à 50 % ne donne droit à aucun rachat. Ici, la demande de rachat ne peut être demandée qu'après expiration du délai de cinq ans du point de départ des arrérages de la rente.

# Chapitre 20- Le régime des prestations familiales

Les prestations familiales n'ont pas toujours présenté les traits que nous leur connaissons aujourd'hui dans notre pays. Elles sont le résultat d'une lente évolution dont le point de départ se situe dans le Code du travail des territoires d'outre-mer du 15 décembre 1952. L'article 237 dudit Code habilitait, en effet, les chefs des territoires à instituer par voie d'arrêtés approuvés par le ministre de la France d'Outre-mer, un système de prestations familiales et de Caisses de compensation pour assurer le versement des prestations.

La mise en application de cet article fut fort laborieuse car les employeurs redoutaient les conséquences financières d'un système généralisé de prestations familiales; quant aux travailleurs, ils manifestaient quelques impatience devant les retards apportés à l'application de l'article 237; ils furent encouragés dans leurs revendications par les recommandations de Bamako votées en 1953 à la Conférence interafricaine du travail qui pose le principe des prestations familiales et adopta les directives sur les modalités d'application du principe.

C'est donc l'arrêté n° 62/12/SPCG du 25 janvier 1962[304] modifié par l'arrêté n° 68/12/SCPG du 24 janvier 1963[305] et par l'arrêté n° 64/127/SCPG du 14 octobre 1964 qui institua en Côte Française des Somalis un régime des prestations familiales. Ce régime fut institué au profit de tous les travailleurs salariés qu'ils soient du secteur public (agents temporaires) ou du secteur privé. Toutefois, le paiement de ces prestations était à la charge des employeurs qui devaient les verser directement à leurs salariés. Il a fallu attendre la délibération n° 270/6ème L. du 26 mars 1966 portant création en Côte Française des Somalis d'une Caisse de Compensation des Prestations familiales et

---

304 JO CFS du 31 janvier 1962, p. 11.
305 JO CFS du 31 janvier 1963 p. 11.

des Accidents du travail rendue applicable par l'arrêté n° 447 du 29 mars 1966[306] pour que l'organisation et la distribution des prestations familiales soient confiées à cette caisse nouvellement créée et revêtir, par la même occasion, leurs formes actuelles.

Le régime des prestations familiales est géré actuellement par la CNSS. Il comprend : l'allocation de mariage, les indemnités aux femmes enceintes salariées et les allocations familiales. Les conditions d'attribution (Section 2) sont à peu près les mêmes pour ces différentes prestations (Section 1).

## Section 1 - Les différentes prestations familiales

Il s'agit de l'allocation de mariage (§1), des allocations familiales (§2), et de l'indemnité de maternité (§3).

### § 1 - L'allocation de mariage

Cette allocation est versée au travailleur salarié à l'occasion de son mariage, et pour un seul mariage seulement, à condition toutefois que l'épouse ne soit pas titulaire d'une patente professionnelle ou ne soit pas elle-même salariée, fonctionnaire ou militaire. Il est également requis que la rémunération du travailleur bénéficiaire n'excède pas 50 000 FDJ.

Depuis le 1er janvier 1983, le montant de cette allocation est de 2 500 Francs Djibouti par mois[307].

Cette allocation est versée par trimestre et est calculée de la manière suivante : **2500 X 3 (mois) = 7 500 FDJ** Le travailleur bénéficiaire

---

306 JO CFS du 1er avril 1966, p. 69.

307 Articles 1er et 3 de l'arrêté n° 83-0207/PR/CPS du 22 janvier 1983 portant relèvement de l'allocation familiale et de l'allocation de mariage.

perçoit donc la somme de sept mille cinq cent francs **(7500 FDJ)** par trimestre.

## § 2 - Les allocations familiales

Les travailleurs salariés ayant à la charge des enfants âgés de moins de quinze ans et dans la limite de six enfants des allocations familiales.
La limite d'âge est portée à 18 ans pour les enfants placés en apprentissage et à 21 ans si l'enfant poursuit des études ou si, par suite d'une infirmité ou de maladie, il est dans l'impossibilité de se livrer à un travail salarié[308].

Les allocations familiales sont liquidées par mois et payables à terme échu tous les trimestres. Le montant actuel de l'allocation familiale par mois et par enfant est de 1400 FDJ, soit par trimestre 25200 FDJ.

## § 3 - L'indemnité de maternité

L'article 113 du Code du travail met à la charge de la CNSS ainsi qu'à l'employeur certains frais dont bénéficie la femme salariée en grossesse.

La femme salariée qui a fait constater sa grossesse par un médecin et transmet à la CNSS le certificat d'examen délivré, et qui arrête son travail, perçoit une indemnité payable en deux tranches : une première avant l'accouchement et une seconde après l'accouchement. Cette indemnité peut également être payée une seule fois après la reprise du travail par la salariée.

Le montant de cette indemnité versée par la CNSS est égal à la moitié du salaire qu'elle percevrait avant l'arrêt de son travail jusqu'aux 14ème semaines. Pour les douze semaines restantes du congé de maternité, le

---

[308] Article 6 de la loi n° 73/AN/89/2ème L. du 19 juin 1989 portant codification du régime des prestations familiales, consultable.

montant de cette indemnité va correspondre à l'intégralité du salaire sus indiqué et être pris en charge intégralement par la CNSS[309].

Seule la femme salariée enceinte peut prétendre aux indemnités à l'exclusion des femmes non-salariées, y compris celles qui sont mariées à un travailleur.

## Section 2-Les conditions d'attribution des prestations familiales

Pour être allocataire, c'est-à-dire avoir droit aux prestations familiales, il faut remplir certaines conditions tenant à la nationalité, à la résidence (§1), à l'activité professionnelle (§2) à la présence d'enfants à charge (§3) et à l'établissement d'une demande (§4)

L'attributaire de la personne entre les mains desquelles sont effectuées les prestations. Il s'ensuit que l'allocataire peut être distinct de l'attributaire.

### §1-Les conditions de nationalité et de résidence

L'allocataire doit être de nationalité djiboutienne et ses enfants doivent résider en République de Djibouti.

Toutefois, la loi du 19 juin 1989 portant codification du régime des prestations familiales accorde les prestations familiales aux travailleurs de nationalité étrangère à condition qu'ils soient ressortissants de pays ayant conclu avec la République de Djibouti des conventions de réciprocité en matière de sécurité sociale.

---

309 Nouvel article 113 issu de la loi n° 51/AN/19/8ème L. du 04 juillet 2019 portant modification partielle de l'article 113 de la loi n° 133/AN/05/5ème L. du 28 janvier 2006 portant Code du travail.

### §2-La condition d'activité professionnelle

L'allocataire doit être un travailleur salarié au sens de l'article 1er du Code du travail. Il doit donc exercer une activité professionnelle pour le compte d'autrui (personne physique ou morale, publique ou privée) moyennant une rémunération.

Cette rémunération (salaire) doit être au moins égale à celle du salaire minimum interprofessionnelle garanti.

L'allocataire doit justifier d'au moins 120 heures (cent vingt heures) ou 18 jours (dix huit jours) de travail effectif dans le mois considéré. Dans ce cas, le droit aux prestations familiales rétroagit au premier jour de l'activité salariée.

La veuve de l'allocataire bénéficie de plein droit aux prestations familiales, qu'elle exerce ou non une activité salariée, à condition qu'elle assure la garde et l'entretien des enfants qui étaient à la charge de l'allocataire décédé.

Les travailleurs et leur conjoint, mêmes salariés, qui bénéficient d'un régime particulier d'allocations familiales payées par l'Etat ou un établissement public, sont exclus du bénéfice des prestations familiales de la CNSS.

**-Cas particulier des dockers.**

Les dockers ne peuvent prétendre au bénéfice du régime des prestations familiales que s'ils justifient d'un temps de service minimum de 270 heures ou de 36 jours au cours du trimestre précédent[310].

---

[310] Article 7 de la loi n° 65/AN/14/7ème L. du 20 juillet 2014 portant extension de la couverture sociale à la catégorie sociale à la catégorie professionnelle des dockers.

## §3-Avoir des enfants à charge

Cette condition ne vaut que pour l'attribution des prestations familiales.

La notion d'enfant à charge : est considérée comme ayant un enfant à charge l'allocataire qui assume le logement, la nourriture, l'habillement, l'éducation de cet enfant, lorsque ce dernier rentre dans une des catégories suivantes :

- l'enfant est issu du mariage de l'allocataire, à condition que la naissance de cette enfant ait fait l'objet d'une déclaration à l'État civil;
- l'enfant naturel reconnu devant l'officier d'État civil;
- l'enfant est issu de l'épouse de l'allocataire d'un précédent mariage; mais il y eut décès du précédent époux ou divorce judiciairement prononcé; l'enfant doit être à la charge ou entretenu par le dernier mari;
- l'enfant est légalement adopté par l'allocataire marié

## §4-Faire la demande de prestations familiales

Pour bénéficier des prestations familiales, l'allocataire doit remplir une demande sur un imprimé délivré par la CNSS. Cette demande doit être accompagnée des différentes pièces justificatives énumérées sur l'imprimé qui permettent de vérifier d'une part l'état civil de l'allocataire, de son conjoint et de ses enfants et d'autre part le travail effectif du salarié (**Voir tableau ci-dessous**). Pour les mariages, divorces, naissances et décès, qui surviennent après son immatriculation à la Caisse, l'allocataire doit adresser dans les meilleurs délais les pièces justificatives constatant l'évènement survenu.

**Tableau. Les pièces justificatives demandées**

| Nature de la prestation | Pièces justificatives demandées |
|---|---|
| Allocation de mariage | 1-une copie de la carte d'identité nationale<br>2- un acte de mariage délivré par un officier d'état civil ou l'Al mon'adoun AlChar-i du tribunal du statut personnel.<br>3-une déclaration mensuelle de l'employeur attestant de la présence de l'allocataire dans l'entreprise<br>4- un certificat de vie et de résidence délivré, selon l'adresse de l'allocataire, par le Conseil de la Ville de Djibouti ou les Conseils régionaux. |
| Allocations familiales | 1-une copie de la carte d'identité nationale<br>2-une déclaration mensuelle de l'employeur attestant de la présence de l'allocataire dans l'entreprise<br>3 - un extrait d'acte de naissance pour chacun des enfants à charge<br>4 - pour les enfants de plus de quinze ans et de moins de dix-huit ans placés en apprentissage, un contrat d'apprentissage établi conformément au décret n° 2017-327 PR/MTRA du 8 octobre 2017 fixant les conditions de fond et de forme, les effets et les mesures de contrôle de l'exécution du contrôle de l'apprentissage<br>5 - pour les enfants de plus de quinze ans et de moins vingt et un an poursuivant leurs études, un certificat de scolarité délivré annuellement<br>6 - pour les enfants de plus de quinze ans et de moins de vingt un ans atteints d'une maladie incurable ou d'une infirmité rendant impossible l'exercice d'une activité professionnelle, un certificat délivré par un médecin de la CNSS. |
| Indemnité journalière de maternité | 1 - une copie de la carte d'identité nationale<br>2 - un certificat médical attestant de la grossesse.<br>3 - une attestation de l'employeur comportant l'indication de l'arrêt de travail de l'intéressée et le montant de son salaire |

# Chapitre 21- Le régime général de retraite

Le système de la sécurité sociale a débuté dans notre territoire avec le régime de la retraite institué par le décret n° 53-385 du 28 avril 1953 portant création et organisation de la Caisse locale des Retraites en Côte Française des Somalis, promulgué par arrêté n° 662 du 27 mai 1953. Toutefois, ce régime de retraite demeurait réservé qu'aux fonctionnaires; les travailleurs salariés régis par le Code du travail n'y avaient pas accès de sorte que les seules prestations qui leur étaient servies étaient les prestations familiales et celles des accidents de travail et maladies professionnelles.

Cette situation préjudiciable aux travailleurs salariés perdure jusqu'en décembre 1975, c'est-à-dire une année et demi avant l'indépendance de notre pays. C'est la délibération n° 167/8ème L. du 24 décembre 1975 rendue exécutoire par l'arrêté n° 75-2459/SG/SGdu31décembre1975quiinstaureunrégimegénéralderetrait edes travailleurs salariés. Ce nouveau régime de retraite étendu en 1977 aux ayants droit des travailleurs décédés [311]est confié à la Caisse de Prestations Familiales alors que le régime de retraite des fonctionnaires et des membres de l'Assemblée territoriale continue à être géré par la Caisse Locale des Retraites.

Après l'indépendance, les autorités djiboutiennes maintiennent cette dualité de régimes de retraites et de caisses jusqu'en 2008. Ainsi, la loi du 19 janvier 2008 fusionne les établissements publics de l'OPS et de la CNR en une seule institution, dénommée la Caisse Nationale de Sécurité Sociale (CNSS)[312].

---

[311] Délibération n° 5/ 9ème L. du 04 juin 1977 portant extension des pensions de réversion du régime de retraite aux ayants droit de certains travailleurs décédés

[312] Loi n° 212/AN/ 07/5ème L. du 19 janvier 2008 portant création de la Caisse Nationale de Sécurité Sociale.

Depuis cette date, la CNSS gère entre autres le régime général de retraite des travailleurs salariés et celui particulier des fonctionnaires (civils et policiers), des membres de l'Assemblée nationale (députés) et du Gouvernement (ministres). Les prestations servies dans ces deux régimes présentent d'évidentes similarités même si quelques différences subsistent encore, et ce depuis l'adoption de récentes réformes législatives ; ces réformes ont eu principalement pour effet de rapprocher les deux régimes et à supprimer les inégalités entre veufs et veuves dans l'attribution des pensions de réversion.

Toutefois, comme il est principalement question de la situation du travailleur au sens du Code du travail dans le présent ouvrage, nous délimiterons notre étude au régime général de retraite. Le régime général de retraite a pour vocation de servir deux types de prestations : une pension de retraite normale qui est la principale prestation dudit régime (Section 1)et des prestations dérogeant en partie aux principes régissant la pension de retraite normale (Section 2)

## Section 1- La pension de retraite normale

Pour prétendre à cette prestation principale de base (taux plein), le travailleur doit remplir les conditions suivantes :

- être immatriculé à la CNSS ;
- avoir cessé toute activité salariée ;
- avoir atteint l'âge de 60 ans[313];
-avoir à son actif une durée minimale de cotisation chez un ou plusieurs employeurs affiliés à la CNSS et variable selon l'âge de naissance de l'intéressé (e) (Voir tableau ci-dessous)[314].

---

[313] Article 1er de la loi n° 17/AN/08/6ème L. du 11 octobre 2008 portant modification de l'âge de départ à la retraite.

[314] Articles 45 de la loi n° 154/AN/ 02/'4ème L. du 31 janvier 2002 portant codification du fonctionnement de l'OPS et du régime général de retraite des travailleurs salariés

| Année de naissance | Durée minimale de cotisation |
|---|---|
| 1946 et antérieur | 15 ans |
| 1947 | 17 ans |
| 1948 | 19 ans |
| 1949 | 21 ans |
| 1950 | 23 ans |
| 1951 et supérieur | 25 ans |

L''âge pris en compte pour le départ de la retraite est celui qui a servi à déterminer le numéro de matricule du travailleur. Aucune contestation ultérieure n'est admise, même sur présentation ou par l'effet d'une décision judiciaire ou administrative, qu'elle qu'en soit la date postérieure ou non à l'immatriculation[315].

Par ailleurs, les mentions « nés vers » ; « nés en » doivent être considérés « nés le 1er janvier»[316].

**Cas particuliers des dockers**

Eu égard à la pénibilité qui caractérise leur travail, les dockers ont la possibilité de faire valoir leurs droits à une pension de retraite à taux plein dès lors qu'ils justifient :

- d'un âge minimum de 55 ans révolus ;
- de 20 années de cotisations au régime de retraite ;
- d'une durée minimale d'exercice de la profession de dockers de 15 ans ; une année de service est validée lorsque le docker justifie d'un minimum de 1080 heures ou 144 jours de travail[317].

---

[315] Idem.

[316] Idem.

[317] Article 9 de la loi n° 65/AN/ 14/ 7ème L. du 20 juillet 2014 portant extension de la couverture sociale professionnelle des dockers.

La pension du travailleur salarié est due à compter de la date effective de cessation de service chez l'employeur qui l'occupait au moment du dépôt de la demande de retraite, si cette cessation de service intervient après que le travailleur ait atteint l'âge de la retraite. Dans le cas contraire, c'est la date à laquelle il a atteint ce dernier âge qui est prise en considération.

Deux obligations essentielles incombent à l'employeur dans la procédure de mise en retraite des travailleurs :

- la notification de la mise à la retraite doit intervenir avant la date effective de départ et le travailleur ne peut faire opposition à sa mise à la retraite ;
- le dépôt du dossier complet auprès de la CNSS est de la diligence de l'employeur.

**Calcul de la pension de retraite normale (Formule de calcul)**

Sachant que : **PRN :** pension de retraite normale

**T**: Taux d'annuité qui est de 2 % pour les années acquises jusqu'au 31 décembre 2001; 1,8 % pour les années acquises entre le 1er janvier 2002 et le 31 décembre 2006; 1,5 % pour les années acquises à compter du 1er janvier 2007.

**RM :** rémunération mensuelle brute moyenne perçue pendant les dix dernières années avant la date d'admission à la retraite.

On obtient : **PRN : ∑ RM ×T× nombre d'années cotisées.**

Étant donné que la PRN ne peut dépasser 81 % du salaire ayant servi de base à son calcul.

**Exemple 1**

Monsieur Bouh, né le 1er janvier 1951 est immatriculé à la Caisse depuis le 1er janvier1978, date à laquelle il a été embauché dans une entreprise. Il a travaillé de façon continue jusqu'au 31 décembre 2006, date à laquelle il a été admis à faire valoir ses droits à la retraite.

Sachant que ses relevés de salaires ont permis de déduire que le cumul de ses dix dernières années s'élève à 34.849.749 FDJ, calculons la pension à laquelle il peut prétendre.

**Solution**

Ayant travaillé sans interruption du 1er janvier 1978 au 31 décembre 2001 (24 années) puis du 1er janvier 2002 au 31 décembre 2006 (5 années) il sera tenu compte dans le calcul de sa pension des taux d'annuité correspondants à ces deux périodes (voir ci- dessus)

Le taux d'annuité de chacune de ces deux périodes sera multiplié par la rémunération moyenne perçue par l'intéressé au cours des dix dernières années.

Cette rémunération moyenne est établie, en l'espèce, comme suit : 34.849.749 FDJ /120 (10 ans correspondant à 120 mois) = 290. 414 FDJ

Monsieur Bouh peut donc prétendre à une pension de retraite établie en deux fois:

- 290. 414 × 24 ×2 % = 139. 398 FDJ

- 290.414 × 5 ×1,8 % = 26. 137 FDJ

Sa pension mensuelle est donc de : 139. 398 + 20. 909 = 165. 535 FDJ.

## Section 2- Les pensions de retraite dérogatoires

Les pensions de retraite dérogatoires se composent de la pension de retraite anticipée (§1), de la pension de retraite proportionnelle (§2) et des pensions de réversion (§3).

### § 1 - La pension de retraite anticipée

L'assuré ayant atteint l'âge de cinquante ans et accusant une usure prématurée de ses facultés physiques et mentales le rendant inapte à exercer une activité salariée et qui par ailleurs remplit les conditions énumérées ci-dessous peut demander une pension anticipée :

- avoir un numéro d'immatriculation à la CNSS ;
- réunir une durée minimum d'assurances de quinze ans (15)[318];
- manifester formellement sa volonté libre et sans équivoque de partir en retraite, en adressant à la CNSS une demande à cet effet; produire à l'appui de sa demande un rapport médical établi par un médecin du CNSS et constatant, le cas échéant, l'usure prématurée de ses facultés.

La pension anticipée est égale à un pourcentage de la pension normale qui varie en fonction de l'âge du travailleur salarié, celui de la date introductive de la demande de départ à la retraite. Ce pourcentage est établi comme suit:

-50 % pour un départ à 50 ans ;

-60 % pour un départ à 51 ans ;

-70 % pour un départ à 52 ans;

-80 % pour un départ à 53 ans;

-90 % pour un départ à 54 ans[319].

[318] Article 43 de la loi du 31 janvier 2002 précitée

**Calcul de la pension de retraite anticipée (Formule de calcul)**

**Exemple :**
Monsieur Houmed, né le 1er janvier 1958 est immatriculé à la Caisse depuis le 1er janvier 1988, date à laquelle il a été embauché dans une entreprise de travaux publics. Il a travaillé de façon continue, jusqu'au 31 décembre 2009 à laquelle il a souhaité partir en retraite anticipée en raison d'une incapacité à travailler.

**Solution :**
Sachant que Monsieur Houmed ne remplit ni l'âge légal de départ à la retraite de 60 ans ni la durée minimale de cotisation (à taux plein), qui est de 25 ans puisqu'il est parti à la retraite à 51 ans et avec 22 années de cotisation. Le calcul de la pension de retraite se fait de la même manière qu'une pension de retraite normale. Il suffit juste d'appliquer le pourcentage correspondant à l'âge de départ (voir ci-dessus).

Ayant travaillé sans interruption du 1er janvier 1988 au 31 décembre 2001 (14 années) puis du 1er janvier 2002 au 31 décembre 2006 (5 années) enfin de 1er janvier 2007 au31 décembre 2009 (3 années). Il sera tenu compte dans le calcul de sa pension des taux d'annuité correspondants à ces trois périodes.

Le taux d'annuité de chacune de ces trois périodes sera multiplié par la rémunération moyenne perçue par l'intéressé au cours des dix dernières années.

Cette rémunération moyenne est établie, en l'espèce, comme suit : 20.222 400 FDJ /120 (10 ans correspondant à 120 mois) = 168. 520 FDJ

---

[319] Ibid., article 70

Monsieur Houmed peut donc prétendre à une pension de retraite établie en trois fois:

- 168. 520 × 14 ×2 % = 47 186
- 168. 520 × 5 ×1,8 % = 15 167
- 168. 520 x 3 x 1.5% = 7 583

Sa pension mensuelle est donc de : 47 186 + 15 167+ 7 583 = 69 936 FDJ.

Il aurait alors droit une pension mensuelle de : 69 936 x 60 % soit 41 962 FDJ.

## § 2- La pension proportionnelle

L'assuré social ayant atteint l'âge de départ à la retraite et ayant cessé toute activité salariée alors qu'il ne satisfait à la condition de durée minimale de cotisation ouvrant droit à une pension normale, a droit à une pension proportionnelle[320].

Toutefois, l'article 1er de l'arrêté n°2004-0309/PR/MESN du 22 avril 2004 fixant les conditions et modalités de calcul de la pension proportionnelle pour les travailleurs relevant du Régime général de Retraite exige une durée minimale de cotisation de quinze (15) années pour prétendre au bénéficie de cette pension.

Par ailleurs, l'article 4 du même arrêté accorde cette pension proportionnelle aux femmes mariées ou mères de famille, âgées de cinquante-cinq (55) et qui ont accompli vingt (20) années de services effectifs.

[320] Ibid., article 46

**Calcul de la pension proportionnelle**
**Exemple :**

Prenons le cas de Monsieur Mohamed, âgé de 60 ans révolus (né le 1er janvier 1953) et qui a cotisé pendant 21 ans et qui part en retraite le 31 décembre 2015.
**Solution :**

Ayant travaillé sans interruption du 1er janvier 1995 au 31 décembre 2001 (7 années) puis du 1er janvier 2002 au 31 décembre 2006 (5 années), puis de 1er janvier 2007 au 31 décembre 2009 (3 années) et enfin de 1er janvier 2010 au 31 décembre 2015 (6 années). Il sera tenu compte dans le calcul de sa pension des taux d'annuité correspondants à ces quatre périodes.

Le taux d'annuité de chacune de ces quatre périodes sera multiplié par la rémunération moyenne perçue par l'intéressé au cours des dix dernières années.

Sachant que ses relevés de salaires ont permis de déduire que le cumul de ses dix dernières années s'élève à 16 450 345 FDJ, calculons la pension à laquelle il peut prétendre. Cette rémunération moyenne est établie, en l'espèce, comme suit : 16 450 345 FDJ /120 (10 ans correspondant à 120 mois) = 137. 086 FDJ

Le calcul en fonction du taux d'annuité :

137. 086 x 7 ans x 2 % = 19.192 FDJ

137.086 x 5 ans x 1.8 % = 12.338 FDJ

137. 086 x 3 ans x 1.5 % = 6.169 FDJ

137.086 x 6 ans x 1.3 % = 10.693 FDJ ce qui donne une somme des montants de 48. 392 FDJ.

Or, Monsieur Mohamed n'a cotisé que 21 années au lieu des 25 années réglementairement requises pour bénéficier d'une retraite à taux plein. Donc, ce qui nous donne comme résultat : 48.392 x 84 % (21/25)=40.649 FDJ

Monsieur Mohamed aura donc droit à une pension de retraite proportionnelle de 40 649 DJF.

## § 3 - Les pensions de réversion

Les conditions d'admission aux prestations de réversion tiennent à la qualité de l'assuré défunt (A) et à la qualité des ayants-droit (B).

### *A -Les conditions tenant à l'assuré*

La nature des prestations ouvertes aux ayants droit diffère selon que, d'une part, l'assuré décédé bénéficiait déjà d'une pension ou, d'autre part, ne remplissait pas, au moment du décès, soit les conditions d'âge, soit celles liées aux cotisations.

En cas de décès d'un assuré qui, à la date de son décès, était titulaire d'une pension, les survivants ont droit à une pension de réversion[321] .Les survivants d'un assuré décédé avant l'âge de la retraite ont droit à cette pension si l'assuré défunt justifiait de dix huit années d'assurance[322]. Si l'assuré ne remplissant pas ces conditions, les survivants bénéficient d'une allocation de survivant versée en une seule fois.

---

[321] Ibid. article 72.

[322] Article 72 bis de la loi n°198/AN/13/6ème L du 20 février 2013 portant modification et ajout d'un article dans la loi n° 154/AN/ 02/4ème L. portant codification du fonctionnement de l'OPS et du régime général de retraite des travailleurs salariés modifiée par la loi n° 121/AN/ 11/6ème L.

### *B - Les conditions tenant aux ayants-droit*

La qualité d'ayant-droit relève des conditions de fond. Celles-ci sont énumérées par la loi. Sont considérées comme ayants-droit :

- le veuf ou la veuve non remarié (e), à condition que le mariage ait été contractée cinq années avant le mariage, à moins qu'un ou plusieurs enfants soient nés de l'union conjugale. L'exigence d'un acte de mariage exclut donc les concubines ou les concubins.

- Les enfants à charge tels qu'ils sont définis au titre des prestations familiales.

Les survivants ont droit à des pourcentages de la pension qu'avait ou aurait eus droit l'assuré. Le conjoint ou la conjointe a droit à 50 % de la pension ou qu'aurait eu droit le défunt. En revanche, le mari polygame ne pourra cumuler les pensions de réversions obtenues à la suite du décès. Il lui est alloué le cas échéant la pension la plus avantageuse.

Quant aux orphelins, ils se partagent, en parts égales, 10 % de la pension, sans toutefois que le montant de la pension ne puisse être supérieure à 30 % correspondant à 3 enfants.

Le capital est reparti ainsi qu'il suit : 1/3 au conjoint survivant non séparé de corps, ni divorcé du défunt, et 2/3 aux enfants légitimes, naturels reconnus et adoptifs âgés de moins de 21 ans ou atteints d'une invalidité totale ou définitive. En l'absence d'enfants pouvant prétendre à l'attribution du capital décès, celui-ci est versé en totalité au conjoint. Si l'on se trouve dans la situation inverse, le capital décès est versé en totalité aux enfants.

# Chapitre 22- L'Assurance Maladie Universelle (AMU)

En République de Djibouti, le droit à la santé est affirmé par la Déclaration universelle des droits de l'homme consacrée par la loi constitutionnelle n° 1 prise le jour même de l'accession à l'indépendance, le 27 juin 1977. Mais la traduction de cette déclaration politique en faits concrets a connu beaucoup de difficultés.

Durant la décennie consécutive à l'indépendance, les soins sont gratuits pour les populations et les ménages contribuaient très peu au financement de la santé. Cependant, cette gratuité devenait de plus en plus relative face aux difficultés budgétaires de l'Etat ressenties dans les années 90 et qui tirent leur source des effets conjugués des politiques d'ajustement structurel (PAS). Cela a conduit à un dysfonctionnement précaire du système de santé et a rendu l'accès aux soins plus difficiles, en particulier pour les personnes disposant de revenus modestes.

Pour tenter de résoudre ces problèmes, l'État djiboutien impulse, dés la fin des années 90, une politique volontariste de renforcement des infrastructures sanitaires tant sur le plan quantitatif que qualitatif. Une telle politique s'est traduite par divers plans nationaux de développement sanitaire (PNDS). Toutefois, les résultats obtenus en matière d'accès aux soins pour les populations sont restés modestes pour diverses raisons notamment la faiblesse des ressources des ménages et les difficultés à rationaliser les dépenses publiques de santé.

Face à cette nouvelle équation, le Gouvernement djiboutien s'engage, en 2014, à répondre de façon complète et efficace en matière de protection sociale aux besoins de sa population par la mise en place d'une part d'un régime d'assurance maladie obligatoire (AMO) pour les fonctionnaires, les salariés et les retraités des secteurs public et privé (Section 1); et d'autre part d'un programme d'assistance sociale de santé (PASS) pour les personnes non couvertes par l'AMO et préalablement identifiées comme n'ayant pas aucun revenu par les autorités compétentes (Section 2).

## Section 1 - Le régime d'assurance maladie obligatoire (AMO)

Le régime d'assurance maladie obligatoire (AMO) institué par la loi n° 24/AN/ 14/7ème L. du 5 février 2014 portant mise en place d'un système d'assurance maladie universelle vise à permettre la couverture de frais de santé inhérents à la maladie et à la maternité des assurés et des membres de leurs familles. La loi définit entre autres, les bénéficiaires (§ 1) les modes de financement (§ 2) et les prestations de soins garanties (§ 3).

### § 1 – Les bénéficiaires

L'affiliation au régime de l'AMO est obligatoire. Il s'agit d'un régime d'ordre public auquel on ne peut y déroger par une convention contraire.

Sont assujettis à l'Assurance Maladie Obligatoire (AMO) :

- les fonctionnaires;
- les travailleurs au sens du Code du travail;
- les retraités;
- les étudiants;
- les travailleurs indépendants.

La couverture de l'AMO est familiale. Bénéficient de l'AMO, les personnes physiques assujetties et certains membres de leur famille à savoir : le conjoint de l'assuré; les enfants mineurs à charge jusqu'à l'âge de dix-huit ans (18) révolus; les enfants handicapés.

### § 2 - Le financement de l'AMO

Ce régime d'assurance se fait principalement avec la contribution des bénéficiaires à hauteur de 2 % du salaire brut pour les fonctionnaires et travailleurs relevant du Code du travail, 3 % du montant de leur pension pour les retraités et les titulaires d'une pension de réversion supérieure à

150 000 Francs Djibouti. Les employeurs y contribuent, de leur côté, à hauteur de 5 % du salaire brut de leurs employés, qu'ils soient fonctionnaires ou travailleurs au sens du Code du travail. Enfin, les travailleurs indépendants y contribuent, quant à eux, à hauteur de 7 % de leurs revenus mensuels déclarés.

### § 3 - Le panier de soins de l'AMO

L'AMO donne droit à la prise en charge directe des frais de soins curatifs, préventifs et de réhabilitation médicalement requis par l'état de santé ou par la maternité des bénéficiaires (ex césarienne). Le panier de soins comprend deux catégories de soins:

- les risques faibles : les consultations générales ou spécialisées, la délivrance de médicaments essentiels, les analyses de laboratoire, les soins médicaux et les soins dentaires (sans prothèse) ;
- les gros risques : les hospitalisations simples et les hospitalisations avec intervention chirurgicale.

## Section 2 - Le Programme d'Assistance Sociale de Santé (PASS)

Le PASS est le volet solidaire de l'Assurance Maladie universelle (AMU). Il profite aux personnes qui ne sont pas couvertes par l'AMO et qui sont indigentes (§ 1). Comme elle l'a fait pour l'AMO, la loi définit les modes de financement (§ 2) et les prestations garanties (§ 3).

### § 1 - Les bénéficiaires

Les bénéficiaires du PASS sont les personnes non couvertes par l'AMO et préalablement identifiées comme n'ayant aucun revenu par les autorités compétentes ainsi que leurs dépendants c'est-à-dire leurs conjoints et leurs enfants à charge.

Pour pouvoir bénéficier du PASS, la personne doit s'identifier comme personne indigente auprès du Ministère des Affaires Sociales et des Solidarités avant de s'immatriculer auprès des services compétents de la CNSS.

### § 2 - Le financement du PASS

Le financement du PASS est assuré à travers le Fonds de Solidarité Santé de l'AMU. Les ressources de financement de ce Fonds sont définies par le décret n° 2014-156/PR/NITRA du 21 juin 2014 portant création du Fonds de Solidarité Santé de l'Assurance Maladie universelle (FSSAMU) modifié et complété par le décret n°2019-237/PR/MTRA du 19 septembre 2019.

Selon ce décret, le FSSAMU est alimenté par les subventions annuelles de l'État, une contribution de l'organisme gestionnaire de l'AMU, les cotisations et contributions des micro-assurances issues des mutuelles, des microcrédits et organisations communautaires, les dos et legs ainsi que les revenus des placements effectués par le Fonds de solidarité.

### § 3 - Les prestations couvertes par le PASS

Le panier de soins du PASS couvre notamment les soins chez les généralistes, la délivrance de médicaments essentiels, les prestations de maternité, les examens de radiologie (exceptés le scanner, l'échographie, la fibroscopie et les examens spéciaux) ainsi que les analyses médicales à condition qu'elles aient été prescrites par un spécialiste.

Selon les statistiques produites par la CNSS en 2017, les populations couvertes sont au nombre de 339 449 personnes réparties comme suit :
AMO : 51 666 ménages, soit 284 183 personnes
-PASS : 17 952 ménages, soit 98 736 personnes.

Cette logique extensive du droit à l'accès aux soins portée par les textes se heurte, pourtant, à de nombreux défis en République de Djibouti, notamment les inégalités territoriales d'accès aux infrastructures et soins sanitaires. Un rapport publié en 2014 par les Nations-Unies expose précisément les conséquences de ces inégalités territoriales au niveau des distances à parcourir par les patients pour rejoindre une structure sanitaire : « avec seulement 75 structures hospitalières publiques, parapubliques, et privées, la couverture sanitaire reste déficitaire. A Djibouti-ville, il y a un poste de santé de base pour 17 053 habitants. Le rayon moyen d'action d'une infrastructure est de 12, 1 kms dans le pays avec des pointes au niveau des régions de Dikhil (18,1), Obock (16,1), Tadjourah (15,3), ce qui dépasse largement l'accessibilité physique acceptable qui est de 5 kms ».

# Table des matières

## Structures éditoriales du groupe L'Harmattan


**L'Harmattan Italie**
Via degli Artisti, 15
10124 Torino
harmattan.italia@gmail.com

**L'Harmattan Hongrie**
Kossuth l. u. 14-16.
1053 Budapest
harmattan@harmattan.hu

---

**L'Harmattan Sénégal**
10 VDN en face Mermoz
BP 45034 Dakar-Fann
senharmattan@gmail.com

**L'Harmattan Cameroun**
TSINGA/FECAFOOT
BP 11486 Yaoundé
inkoukam@gmail.com

**L'Harmattan Burkina Faso**
Achille Somé – tengnule@hotmail.fr

**L'Harmattan Guinée**
Almamya, rue KA 028 OKB Agency
BP 3470 Conakry
harmattanguinee@yahoo.fr

**L'Harmattan RDC**
185, avenue Nyangwe
Commune de Lingwala – Kinshasa
matangilamusadila@yahoo.fr

**L'Harmattan Congo**
67, boulevard Denis-Sassou-N'Guesso
BP 2874 Brazzaville
harmattan.congo@yahoo.fr

**L'Harmattan Mali**
ACI 2000 - Immeuble Mgr Jean Marie Cisse
Bureau 10
BP 145 Bamako-Mali
mali@harmattan.fr

**L'Harmattan Togo**
Djidjole – Lomé
Maison Amela
face EPP BATOME
ddamela@aol.com

**L'Harmattan Côte d'Ivoire**
Résidence Karl – Cité des Arts
Abidjan-Cocody
03 BP 1588 Abidjan
espace_harmattan.ci@hotmail.fr


---

## Nos librairies en France


**Librairie internationale**
16, rue des Écoles
75005 Paris
librairie.internationale@harmattan.fr
01 40 46 79 11
www.librairieharmattan.com

**Librairie des savoirs**
21, rue des Écoles
75005 Paris
librairie.sh@harmattan.fr
01 46 34 13 71
www.librairieharmattansh.com

**Librairie Le Lucernaire**
53, rue Notre-Dame-des-Champs
75006 Paris
librairie@lucernaire.fr
01 42 22 67 13

www.ingramcontent.com/pod-product-compliance
Lightning Source LLC
LaVergne TN
LVHW050652051026
849532LV00002B/606